長谷川浩己

輕井澤・星野渡假村／創造派

創造和非創造，不用非得取其一。兩者都很重要，彼此互相需要。

山崎亮

姬路市・家島／非創造派

只要讓人們產生交流與連結，我的工作就算成功。接著還要引導這些人靠自己的力量，一一去解決自己發現的地方課題。

太田浩史

東京野餐俱樂部

要用全身去感受都市。「狀況」就是再次把人與景色變化導入景觀裡的作法。

廣瀨俊介

風土形成事務所

讓大家認識地方的起源，讓每個世代的居民認識自己的居住環境、增長知識，不要遺忘。

長岡賢明

D & DEPARTMENT PROJECT

設計是「生態系」的一環。要符合永續設計的資格，必須滿足我開出來的十個條件。

西村佳哲

工作型態研究家

因為有某一群人投注時間和生命，才讓景觀有了說服力，是那裡面的生命厚度打動了人心。

鈴木毅

存在方式研究家

找出更多說明人「存在方式」的字，接著營造出這種情況的空間和機制的設計。

馬場正尊

東京R不動產

一直以來認為「公共空間=政府管理的空間」，說不定是種錯誤。

芹澤高志

P3 art and environment

藝術存在的意義，是為了讓風景被看見。

廣井良典

公共政策學者

看看日本的都市，房子都蓋得與周遭環境格格不入，這就是人與人之間的關係問題。從景觀就可以看出社群的樣貌。

鷲田清一

哲學家

設計師應該時常對現代生活存疑，即使是讓客戶滿意的設計中也要加入批判性。

つくること、つくらないこと

地方創生來解答：11場

讓日本社區變有趣的設計對談

町を面白くする11人の会話

長谷川浩己・山崎亮／編　曾鈺珮／譯

太田浩史・廣瀨俊介・長岡賢明・鈴木毅・
馬場正尊・西村佳哲・芹澤高志・廣井良典・鷲田清一／著

前言

長谷川浩己

我跟很多人一樣，小時候常常想像宇宙盡頭的樣子，或世界是如何被打造出來，想得暈頭轉向。這些事早被我忘得一乾二淨；讀大學時，經朋友的介紹，認識景觀和建築領域後，我整個人突然覺醒，畢業後也從事了相關工作。可能是童年那個感覺再度回來。如今回想起來，應該是直覺告訴我，這份工作與真實世界的起源有著某種關聯。

山崎亮

我學了五年景觀設計後，在設計公司工作了六年。工作時我不斷思考著「何謂設計景觀」。我設計過公園、花圃和行道樹，也研究過市容的設計規範。但我不認為這就是景觀設計。

我發覺景觀是更「自然而然」構成。在地居民的每個行動一點一滴累積成生活，每天的生活再拼湊成人生。不就是這些一再重複的情節，不知不覺建構出我們眼前的風景嗎？這麼一

然而當我開始學習相關知識後，馬上就迷失在這個龐大、複雜，又沒有規則可循的世界裡。假若風景是指各式關係在當下藉形式而呈現的整體形象，那麼設計師可以發揮的空間到底在哪裡？就算我想設計些什麼，但風景已是既有存在了不是嗎？即使特地出國留學，在當地設計公司工作時，我仍持續思考著這件事。回國後，歷經無數個案子，也依然沒有停止思考。

後來因緣際會與山崎亮先生碰面，之後一直希望能與這個人好好聊聊。雖然我刻意區分出我是創造者、他是非創造者的立場，試圖釐清（景觀）設

來，種樹或者修整市容就不能算是景觀設計。儘管表面的城市綠化多麼美觀，景觀計畫研擬得多麼周到，只要居民的行動沒有改變，都不是真正的景觀設計。

要改變人們的行動，必須先改變他們的想法。想生活在什麼樣的城市？最重視的是什麼？什麼會讓我感到快樂？隨著討論，自己管理自己城市的動力便會越來越強烈，時機也會越加成熟。從這裡開始去改變風景。

沒錯，景觀設計不可缺少的就是社區設計，這個想法促使我離開設計公司。許多前輩都替我擔心，「這種工

計的變化與其涉足範圍。但主要理由或許是，我感受到他對我長期以來所懷抱，那個最根本的難題產生共鳴。

每日的生活早已構成一幅風景。就連天空交纏的電線，也是那個時空背景下的技術和需求孕育而生的景色，值得一看。要我去設計社會、生態系和地球運作機制裡，那些自龐大交互關係中誕生出來的風景，意味著要創造整體中的不協調感，總覺得是極度傲慢的行為。但即便如此我還是沒有放棄這份工作，因為我沒來由地堅信「這是一件非常重要的事情」。

於是我就不斷在不安與信念間搖擺，走到了現在。你問我和山崎先生共同與不同專業人士聊過後，我的疑問有沒有得到答案？老實說，我變得

作能餵飽你嗎」、「你不相信創造的力量嗎」、「你是為了逃避設計嗎」。現在我還是無法好好向他們說明，更別說當時的我了，所以幾乎每個碰到的人都這麼提醒我。

也是在這個時期，我見到景觀建築師長谷川浩己先生。我原本以為他也會有同樣的反應，沒想到他第一句話就說：「我的心情跟你一模一樣。」他說景觀設計的工作裡有種不協調的感覺一直困擾著他。我完全沒想過，這些話會從設計過無數空間的長谷川先生口中說出來，他真的是一個很坦率的人。那時候我感覺可以跟這個人暢談設計及社區活動的可能性與極限。

既然我們兩個都這麼煩惱，那麼得找個人來當導師才行。於是我們決

更疑惑，但同時我的信念也變得更堅定。也就是說，我更明白我們面對的問題是多麼複雜、巨大，而且過去沒有任何時刻比現在更需要串連起人與人的連結。沒錯，我們能做的就是關係間的交流。景觀設計並非創造風景，而是提供一個誕生新景色的契機。

我們希望透過「創造」和「非創造」，與大家一起在那些場所打造（新的）關係，並相信新的風景會隨之誕生。促使關係發生的東西，我把它稱為「狀況」。這裡可以看出我和山崎先生，以及許多與談來賓的共通點，也就是（風景）設計這個行為，等同準備

定每次都邀請一位來賓來與我們對談。與不同對象討論的過程中，我們看到了不創造實體就能營造出狀況的可能性與課題。我也學到了與創造者合作時應該注意的事情。

對談中獲得的啟發，我也實際運用在案子裡。這本書不僅適合給想從事社區設計的人閱讀，也很推薦給空間設計的從業者，希望他們可以從中思考設計裡硬體面與軟體面的平衡。

長谷川先生提到了永遠的競爭對手「哆啦A夢的空地」。從社區設計的角度來看，如何重現以孩子王為中心的孩童社群，並且在這個幾乎每個家庭

一個「狀況」讓事情得以發生。順帶一提，這次我們邀請的來賓，都有自己營造狀況的方法，或是針對每個狀況去深入思考。啟發我對於不同可能性的想像，也讓我思考今後可能會遇到的課題。

但不諱言的是，我仍然處於迷惘中。景觀設計常常可以「什麼都不做、不插手」，每一次的談話都讓我覺得說不定這是最有效的，我在這次的企畫裡反而受到這種做法的鼓舞。身處此地的真實感、充滿活力的生活，接下來的時代一定會出現更多方法實現這些願景。不過身為一個創造者，我相信還是有一些狀況必須依靠具象的景物來營造。在這層意義上，「哆啦A夢」裡的那片空地會是我永遠的競爭對手。

都有遊戲機的時代，要怎麼讓孩子們到空地玩耍都是一個課題。有錢人家的小夫家裡應該有好幾十台的遊戲機，但為什麼胖虎和大雄都是到空地，而不是小夫家集合呢？一定是小夫的媽媽說：「你應該到外面去玩。」把兒子趕出門的吧。

正因為這些行為、生活和人際關係，空地才有那些狀況發生，也才會誕生那些風景。

現代的景觀設計師單單把三個水泥管堆疊在空地上，就想重現哆啦A夢裡的景色，未免過於天真。因為創造一幅景象必須考量的重要關鍵字就是——「空間與社群」、「硬體與軟體」的平衡。

創造和非創造，不用非得取其一。兩者都很重要，彼此互相需要。

所以我希望那些拚命創造（特別是景觀裡的）形體的人可以讀一讀這本書。因為到頭來，風景既是形體，也是關係的表現。只要動到形體，就會影響關係；只要牽涉到關係，就會影響形體的展現。這個世界既豐富又複雜，充滿魅力，同時又讓參與的人誠惶誠恐。即便如此，仍然想要透過形體來創造更好的關係。希望這本書可以助你一臂之力。

目次

GUEST

01

太田浩史

建築師／東京野餐俱樂部

HIROSHI OTA／1963年生於東京都。1993年東京大學工學系研究科碩士課程修畢。2000年共同創辦neuob建築事務所。2003至2008年任東京大學國際都市再生研究中心特任研究員。2009年始任東京大學生產技術研究所講師。除了建築師本業之外，也是「東京野餐俱樂部」成員，從野餐的角度提案如何使用都市的公共空間；並參與「市民光榮感研究會」，研究世界各地的市民光榮感（市民對城市懷抱的依戀和自豪感）。

長谷川浩己

太田先生是一個很特別的人，無時無刻不想著關於都市的事情。他曾說過：「要用全身去感受都市。」我想，他時時都在思考著都市對我們而言，到底算是一個什麼樣的場所？或者我們可以用「場所」來描述它嗎？而他關注的焦點常常都放在「人」身上。都市這個空間，以及居住、聚集在此的人們，兩者他都很重視。把目光放在空間與人之間的各種關係，並且利用「野餐」這個行為去協助關係的發展。不管是綜觀全局，還是在每個行動間來去自如的姿態都充滿魅力。這個探討「關係」的企畫，全體通過邀請太田先生來當我們的第一位來賓。

說到景觀忍不住想到的是「風景畫」……

太田　一開始聽到兩位說到「狀況」這個詞，我認為它跟「景觀」是互補關係。可能是外行人的刻板印象吧，每次說到景觀，我想到的都是「風景畫」，一種時間停止流動的感覺。而「狀況」就是再次把人與景色變化導入景觀裡的作法。

長谷川　你的意思是，景觀是靜態的嗎？

太田　就實際設計面來說當然不是，樹木和植物都可做為季節和時間的象徵。不過我腦中還是會浮現英國風景式庭園，和義大利的寓言式風景畫。

山崎　我認為設計出來後還需要管理和營運，景觀才算完成，才能持續創造出新的風景。如果是建築，設計前幾乎都會先決定好用途，自然會把管理和營運的部分考慮進去。可是景觀設計幾乎沒有管理開放空間使用方法的機會，不會有人提議如何活用戶外空間。應該要多方嘗試，以不同方法去利用都會區的開放空間，否則誕生不出這個時代的風景和狀況。或許風景畫般的景觀需要導入狀況，才會完成我們認知的風景。

長谷川　景觀和狀況的確可說是互補關係。不過一直以來我都是把景觀視為狀況本身，或者說把場所裡「活動的可能性」定義成狀況。每個人在不同位子會有不同解讀。那麼究竟景觀是被動地等待行為發生，還是乘載行為的容器？又或者景觀能夠自行營造出狀況呢？

公園是一個非常適合從事個人活動的場所。

長谷川　仔細想想，公園真的是一個不可思議的地方呢。沒有主要功能，就這樣被放置在都市裡。以往公園的確沒有管理的思維，隨使用者愛怎麼用就怎麼用。那這樣公園需要管理的理由到底是什麼？

太田　舉例來說，東京日比谷公園如今因為維護的關係禁止踩踏草皮。那裡稱得上是日本公園的起源，但究竟是供人觀賞風景的庭園，還是讓人們集會的公園，定義依舊很混亂。在我看來，是因為大家沒有搞懂，十九世紀都市於高密度居住間取捨，進而發明公園的意義。把它和同時期英國開始的「野餐」文化放在一起看就很清楚了。說得更極端一點，公園文化還沒有在日本扎根。就像我突然邀山崎先生去公園應該還是很怪吧？你會想說到底是要決鬥還是要訴苦（笑）。

山崎　會想說應該是有什麼特殊目的（笑）。

長谷川　大家不太認為日本公園是可以利用的空間吧。跟中國的都市相比，平時會去利用的大人還是非常少數。

太田　大家會去看風景，但不認為能把那裡當「社交場所」吧。

長谷川　社交場所啊……的確沒想過。

太田　如同我們把野餐視為社交行為，如果使用者以這種角度多多利用公園，能夠多發揮一點創意會更好。

長谷川　你的意思是，目前的使用方法還是偏被動嗎？

太田　我覺得公園是相當適合個人活動的場所。你可以讀書、思考。即使多人活動也很適合，比如約會或家人聚會這類親密關係的互動。現代的個人社會就藏在公園背後。

長谷川　原來如此。一直以來我都想像著，個人如何向面對面的世界做出反應、如何泅泳其中，來決定我的設計。但如果景觀的存在是為了提供一個社交場合，那麼光靠設計無法達成，必須有管理的介入。感覺社交這個字眼加進去後，公共空間能扮演的角色又更豐富。

太田　這點建築也一樣。光線照進來多優美、出神入化的形體讓人看得出神，這些都是極為個人的經驗。另外一種類型，就像建築師原廣司先生設計的京都車站大階梯，只要吸引人潮聚集就會讓它產生價值。這種相互交流的、集體經驗的豐富性，對景觀設計來說應該特別重要吧。

山崎　其實開放空間原本就是一種帶有集體性質的空間。開放空間的定義是：①在戶外、②隨機多數人可以進入、③土地永久存在。原則上就是一個集體的場所。

都市空間裡不帶目的性、能讓隨機多數人聚集的場所很少。建築空間幾乎都有特定用途、給特定多數人使用。設計允許任何人無時限隨意做任何事的空間，因為不限定用途，你很難找到設計的依據。怎麼去設計這樣的空間，可能還需要更多新的點子。

在日本，充分利用公園的活動和計畫還很少。

長谷川　為了讓變化產生，某種程度上需要引發一個「事件」。同理，要發生社交行為，是否也需要催化劑呢？

山崎　在城市營造的第一線，只跟一個人討論是無法決定城市方向，但一下子跟隨機多數人討論也會很混亂。和已有一定組織的社團或社群討論，再慢慢增加討論團體的數量，這也是一種做法。換句話說，透過彼此有關係的人們互相串連，進行城市營造和公園管理的工作。看到那些平常沒有機會搭上線的人們，藉由這個場合相處熱絡的模樣，讓我感到很開心。

長谷川　公園導入管理，對於引發一個集體性的事件是有幫助的嗎？

山崎　充分利用公園的活動和計畫在日本還是很少，我們不能光等著它發生。或許可以拋磚引玉先推出一個實驗型計畫，示範有這類使用方法，或許就會有人出來接下接力棒，做出行動。

一直以來我從事城市營造或公園管理的工作時，都很重視集體關係。因為我希望看到更多人串聯起來，自發地為自己居住的地方做一些事。「自己的城市和公園自己管」希望營造這種風氣，而且這樣的行動反覆幾次後就會變成公園和城市的品牌，這是我聽到太田先生在英國新堡、蓋茨黑德舉辦「PICNOPOLIS」活動時的發現。

長谷川　我的工作對象不是個人就是隨機多數人。尤其當對象是公共空間時，大多看不到明確的使用者。以往這個許多人會嘗試重新設計的場所，設計的時候多期待有人可以有意識或無意識地給我回饋；但實在沒辦法鎖定特定對象，只能在腦中描繪看不到臉孔的人們，使用這個空間的樣子，盡可能滿足他們的需求。不過最後可能還是自我感覺良好的成分居多吧，不管如何就是有可能會淪為連結個人與整體的「集體」而已。

太田　一八〇二年野餐作為一種社交手段在英國引起風潮。幾乎同一個時期，詩人威廉・華茲華斯（William Wordsworth）也十分熱衷於大自然的活動。他將近代自我對自然之美的覺醒吟成詩。這種自然主義也是野餐的源頭之一，以個人與風景的關係作為基礎。不過一八五〇年代公民社會誕生後，開始出現法國畫家愛德華．馬奈（Édouard Manet）《草地上的午餐》那種集體式的風景。隨著社會轉變，發展出不同的景觀使用方式真的很有趣呢。

山崎　說到空間設計，我的作法都是先徵詢團體的意見來打造公共空間。公共空間不像蓋房子，可以根據業主的意見來設計；我以前也因為難以掌握公共空間的使用者需求感到焦慮，所以設計前會先集結完工後將使用這個空間的居民，一起討論需求再進行設計。但是公共空間很難滿足特定團體的願望，設計出象徵性的外觀配置，這會讓其他人不便使用。先定義公共空間的主要使用族群，再決定空間樣貌，最後做適當調整，讓

二〇〇八年八月，太田先生共同主理的東京野餐俱樂部，在英國的藝術戰略都市新堡及蓋茨黑德，舉辦十天在十個地方野餐的PICNOPOLIS活動。（照片提供：伊藤香織）

空間型態同樣適合其他人使用。如此便能完成兼顧群體與個人需求的空間。自從採用這樣的設計流程後，和以前憑著自己強烈公民意識所設計的時候不同，完成的空間更有說服力。

長谷川　我沒有嘗試過這樣的流程，滿有意思。老實說，我沒有經歷過從特定群體切換到隨機多數人的思考模式。回顧過往工作，都是希望打造一個能訴諸個人情感面的空間，以誘發集體行為的發生。比起自己的公民意識，更傾向於打動人心。而我隱約覺得有一種共通的情感可以去連結個人與集體。

我在設計「東雲CODAN」時，目標是在這個容積率四〇〇%的高密度集合住宅中，打造出讓住戶可以在基地自由活動的景觀。雖然當時只能想像隨機多數人的需求，不過根據完工後的使用問卷調查，發現很多人會推著嬰兒車在空間裡散步，我腦中原本模糊的

PICNOPOLIS活動中，入圍「野餐競賽」的夫婦。便當裡居然有壽司！（照片提供：東京野餐俱樂部）

臉孔有了具體樣貌。這是我自己的一個發現。

野餐跟公園或許可說在同一個時期發明。

山崎　話說回來，野餐（picnic）的語源是什麼啊？

太田　是法語pique-nique過來的，piquer是「諷刺」，niquer好像是「情愛之事」的意思，實際上是很負面的字。馬奈《草地上的午餐》描繪的正是這種精神。雖然只是我個人推測，我想這個字是起源於十八世紀咖啡館的政治集會，到了十九世紀作為法國大革命的餘波傳到了英國。一八〇二年一開始舉辦的野餐，是年輕人嬉笑喧嘩的聯誼場合呢（笑）。

長谷川　那這個行為後來走到戶外公園的契機是什麼？

城市裡享受野餐的人們，讓城市印象大大轉化。（照片提供：東京野餐俱樂部）

太田　應該是一八〇二年發生了什麼事，讓剛誕生的公園搭配戶外聯誼成為當下流行的某個事件。我猜應該是紅茶製造商的噱頭，在英國，有「男人喝咖啡，女人喝紅茶」這種潛規則。如同下午茶的象徵，紅茶是一種在戶外享用的飲品，中東地區也一樣。估計是女性的紅茶文化，與最流行的約會模式——野餐結合後，大幅提升了公園的使用風氣。

山崎　這有符合公園誕生時的時代氛圍，也就是自由與平等的思考模式。開放原本只有特定階級才能使用的特權，在都市裡設置每個人可以在任何時候聚集的開放空間，與身分地位無關。如果是一八二〇年的英國，那麼野餐跟公園或許可以說在同一個時期發明。

長谷川　我最近在思考觀光的問題。像英國他們會去計畫勞工者的休閒娛樂活動，例如英格蘭西北邊的黑潭就朝大眾觀光地發展，雖然還不是很完善，但人潮都會往那裡集中。另外一種則是因為詩人威廉而成為備受喜愛的觀光景點——湖區（Lake District）。他們的觀光景點從一開始就兼具私人和大眾的兩種文化呢。

太田　觀光的發明是在一八五〇年與鐵路一起出現，由最知名的旅行社湯瑪斯庫克集團（Thomas Cook）一手包辦旅遊業務。一八六〇年休假制度確立後，才誕生出「休閒娛樂」這種概念。有趣的是，到了維多利亞時代，英國接連提出許多現今都市計畫使用的語言，車站、公園、集合住宅、圓環、渡假村等等。澳洲的都市也是誕生於這個時期，在阿得雷德或墨爾本，會看到電車行走在棋盤狀的道路上，被公園圍繞，外圍則有渡假區和遊樂園。野餐就是在這種背景下推廣開來的都市文化。順帶一提，美國高樓大廈、高速公路、空調這些概念是在二十世紀出現。對於這些全球都市計畫語言的來襲，日本雖然看起來處於被動接受的地位，但像車站前的商店街算是日本原創的吧，還有賞花、溫泉、速食壽司也是全球性的發明。擁有高密度人口都市的日本，能夠在二十一世紀的世界提出什麼樣的都市語言，也是我們共同的課題。

雪梨人很愛他們的歌劇院，歌劇院沒了可能會要他們的命。

太田　我非常喜歡祭典。節慶對社區營造來說變得越來越重要，因為可以創造一個非日常的風景來提升在地人的士氣。

長谷川　活動雖然能產生強烈的印象，但因為是期間限定，異化的程度也很大。單就異化而言，原本景觀若不要求硬體面的設計就沒有意義，只是方向可能不一樣。

山崎　從硬體面去玩景觀也是一種手法，再另外辦幾個特殊的活動，就可以創造強烈的記憶點。不只是要從空間規畫，更要從行為和體驗去加強記憶。

長谷川 地方能透過辦活動獲得什麼嗎？

太田 品牌、忠誠度吧。

長谷川 可以說風景中的建築和景觀的角色，會讓人們產生對當地的興趣嗎？

太田 最出名的例子就是雪梨歌劇院，明確向世界展現他們的城市品牌。不只有對外的宣傳作用，對市民來說也是一種有效的身分展示。雪梨人很愛他們的歌劇院，歌劇院沒了可能會要他們的命。夕陽染上白色磁磚的外牆，真的就像神殿般華美。它的位置、地形，還有附近的港灣大橋都讓那一帶看起來更壯觀。要怎麼達到像這樣打動人心的成就，是我研究都市再生時一直在思考的問題。

長谷川 我很明白你的心情。最終你還是會希望景觀設計能夠打動人心，而人被感動後會不會有什麼行動就看個人了。我覺得會讓人更關心自己身處的地方。

太田 就是身為市民的光榮感吧。驕傲、自信、眷戀，自己也是其中一分子的認同感。像我自己非常喜歡雪梨，雖然沒有住在那裡，儘管身處遙遠心裡還是很關心這個都市；所以怎麼培養出類似市民的群眾也很重要。

長谷川 不是設籍當地的人才算。

山崎 希望更多人能把享受日常生活當成身為市民的責任。單純當「居民」無法顯示城市和風景的魅力。我們可以先從開放空間導入管理思維開始，打造一個讓附近居民能夠盡情發揮的框架。如果可以編列文化預算最理想，這會需要一個適當的審查機制，表現優良的計畫在下個年度可以分配到較多的預算。假使能好好結合都市裡的行動計畫和評價機制，開放空間一定會變得更有魅力。

拉維萊特公園嘗試用硬體搭配硬體去引發一個事件，是有難度的。

山崎　巴黎的拉維萊特公園也嘗試過設計一個事件。只不過要讓事件發生，光靠硬體還是很有限。比如說，馬拉松跑者穿越鋼琴酒吧這件事，第一次發生算是事件，第二次以後就不算事件了吧。因此，想以硬體（園內馬拉松路線）搭配硬體（當成鋼琴酒吧的裝飾性建築）去引發一個事件，是有困難的。對參加過好幾次的人來說一定會膩。

長谷川　光靠硬體無法催生特定並有持續性的事件吧。硬體能做到的，是營造出可以引發事件的氛圍。我覺得催生一個能凝聚地方的事件非常值得鼓勵，不過用繩子圍起來的那種卻很無趣，這就是日本一般指的「活動」嗎？

山崎　拉維萊特公園的「event（事件）」跟日本的「活動」是不同意思。前者是偶然發生的事件，後者是經過企畫舉辦的活動。

太田　其實表達event意義的字有很多個，比如說「發生的事」，代表降雨、起風這種日常生活無意間出現的事；「活動」則是帶有意圖的事件；「狀態」則是樣態的意思。景觀會被設計出來，就是為了對應各式各樣的事件。可是在日本講到活動，大家想到的都是每週舉辦的那種集客行為。可是景觀有趣的地方不就在於可以去處理事件整體嗎？

長谷川　活動和發生的事這兩個意思，我覺得是後者的意思比較貼切。有一種沒有限制、沒有任何束縛的含意。不單純為了集客，更會促使某些事情發生，或者提升士氣。士氣

下過雨的藍天下，盡情談論了兩個小時……

提升後任務就算達成，剩下的就看個人怎麼做了。只靠硬體的話，什麼事都不會發生，事情的展開總需要先有一件事發生。

太田　辦過好幾場城市野餐、看遍其他國家的都市再生案例後，就會明白設計建築和景觀時感受到的細微差別，就跟形容「事件」的字一樣豐富，各不相同。如果我們擴大專業範圍，並採取能夠營造出新的都市狀況的方法，我想會是不錯的嘗試。

GUEST

02

廣瀨俊介

景觀建築師／風土形成事務所代表

SHUNSUKE HIROSE／1967年生於千葉縣。1989年東京造型大學畢業。曾任職於GK設計集團，離開後於2001年創辦風土形成事務所。2003年受聘擔任東北藝術工科大學建築環境設計學科副教授。主要參與專案有「DNP創發之杜箱根研修中心第2」景觀設計（與田賀意匠事務所合作，2009年）、「早戶溫泉步道」設計施工（大學實習時協助福島縣三島町早戶區，2010年接續）。著有《城市物語繪本一飛驒古川》、《風景資本論》等。

長谷川浩己

多年前我在進行橫濱港灣公園的工作時，認識了負責設計街區整體景觀和指標的廣瀨先生。當時不知道在哪裡說過「我想參與世界形成的過程」，這件事情是我們兩人共同的夢想。後來他用十分認真、謹慎的態度，加上美麗的素描（和生動的文筆），開啟了自己的道路。廣瀨先生會徹底思考風景中物體的設計依據。廣闊的風景與我們的生活息息相關，而他便是透過設計去發現風景和日常生活之間，那些我們習以為常的連結。當時的夢想現在看來都已經一一成形了。

做一本書讓大家認識地方的起源，不要遺忘。

廣瀨　我現在一邊在大學教景觀設計，一邊從事規畫地方未來生活和環境的工作。為了認識一個地方，我一定會一邊觀察風景一邊畫下來，比拍照更能了解當地的特質和風十。用雙眼耐心與土地相處後，再出席市民參加的工作坊。在每個人分享自己的喜好之前，大家先一起了解這塊土地上有什麼，思考什麼該保留下來、該發展哪一部分，這時候素描就會派上用場。我之後會再把它集結成一本書，讓大家可以「閱讀」地方的風景和風土。書的內容包含地形、氣候、風俗習慣、民生等地誌學的觀點，來解說地方的發展過程，還有描繪風景現狀的素描圖像。

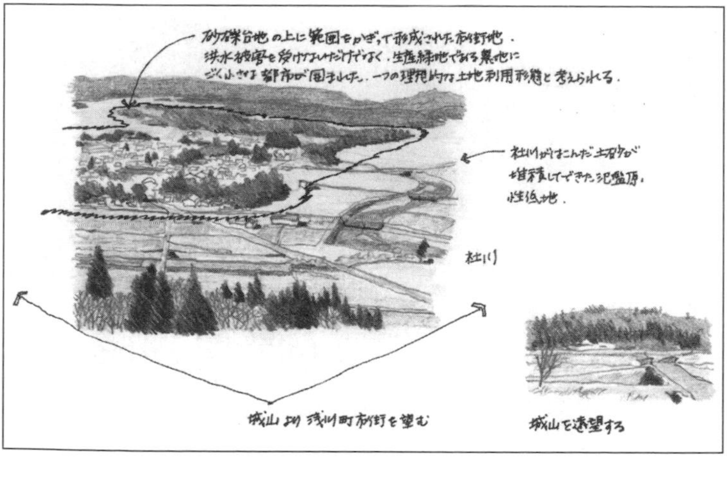

為了找出組成區域的各種要素和其之間的關係，藉素描幫助思考。（福島縣石川郡淺川町，二〇〇四年）

希望透過這本書，讓每個世代的居民認識自己的居住環境、增長知識，確保這些事情不會被遺忘。去認識我們身處世界的起源，探究它演變到現在我們所見樣貌的理由；再把這些知識傳達給當地居民，我想有助於當地文化、教育和產業的傳承和發展。這個方法有效地讓在地人理解真正重要的事物。

長谷川　這些工作要在短時間內達成恐怕很困難吧？大概需要花多久時間？

廣瀨　拿飛驒古川來說的話，我是從二〇〇〇年開始與他們交流。第一年我總共在那裡住了三個月，如果想要詳細調查地區風土的話就得這麼做。

山崎　廣瀨先生在做書的時候有一個固定

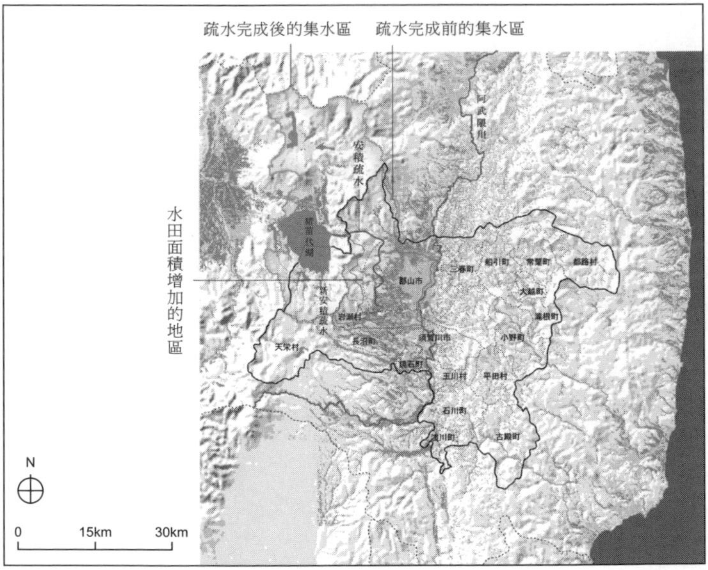

二〇〇四年發行的《風景讀本—解讀縣內地區景觀》，是福島縣區域計畫的規書依據。此地圖顯示出郡山市的土地利用多仰賴從豬苗代湖取水。（數值解析：槙朗，原圖製作：春田YUKARI）

流程，組合概念、設計空間，接著再把體驗到的知識傳達給空間使用者。為了設計去蒐集、記錄資訊，不只是給自己參考用，更要讓居民認識家鄉土地的故事。也就是說，他做的一切都不只是為了打造空間，還會考慮到空間完成後的生活樣貌，把蒐集到的資料編成一本書。我認為這是思考「如何營造狀況」時一個重要的嘗試。正因為他有意識地去讓居民了解自己家鄉的歷史，以及空間可以怎麼使用，所以他的專案才具備創造新事件的力量。

長谷川　或許廣瀨先生和我一樣都覺得，世界是由各種力量錯綜交織而成的。現在看到的風景都是氣候、地形、居民與事物互相干涉的結果。

只是和我的做法不同，我某種程度上是用主觀和直覺，來解釋這些隱含科學數據的力量，再嘗試去營造一個讓風景轉型的情境。不過有時候因為無法驗證它的可行性，我都會懷疑是自我感覺良好而已。廣瀨先生的話讓我回頭去思考，為了設計風景自己得涉入多深？

山崎　廣瀨先生產生一個假說後，再透過科學數據、地方的生活模式、傳說、居民訪談來檢驗。用這套流程決定設計的方向，再設計出空間。而且空間完成後還會將自己驗證的結果集結成書，把這些知識交給地方居民和空間的使用者，是非常用心的流程。

你的素描讓我想到勞倫斯・哈普林。

廣瀨　我差不多是這十年確立了自己的設計手法。小時候對生物和生態學有興趣，上大學後讀到現代主義的建築大師密斯・凡德羅[*1]，我開始摸索結合生態學和建築的方法。那時認識了兼任教授的景觀建築師上山良子[*2]老師，拜託她讓我在她的公司打工。畢業後進入GK設計，業務內容多是設計一些公共空間的家具還有指標；有幸和美國活躍的景觀建築師彼得・沃克[*3]和威廉・強森[*4]一起做兵庫縣「播磨科學公園都市」的案子，他們對於形體意義的論述能力和視覺傳達的表現能力都影響了我。可能這次經驗也有影響，以前工作的時候都對美國的設計充滿憧憬；可是累積的經驗越多，越覺得那一套並不適合日本的風土。

山崎　你的素描讓我想到勞倫斯・哈普林[*5]。我在過去經手過的居民參與型案子感覺到，像英・瑪哈[*6]把土壤和水流秀出來的方法太過專業，居民們很難理解。反倒是哈普林的素描用居民的視角，把平常看到的風景畫出來，再寫下文字說明這幕風景的由來，這麼做可以讓居民更容易理解風景形成的歷史。而廣瀨先生的作法正是結合這兩者，像瑪哈一樣梳理流域的生態關係，再和哈普林一樣把風景的緣由表現得一目瞭然。我覺得這種方法在和居民一起訂定計畫的時候非常有效。

廣瀨　我把日本的景觀建築視作「必須了解風土的環境形成技術」*7，而景觀建築師是可以思考世界起源的人，包含地理、風俗，甚至到地區經濟的現況，即使無法精通所有，也要有能力整合各領域專家才行。景觀設計師弗雷德里克・勞・奧姆斯特德*8將都市公園建設、河川環境再生、綠地系統化和充實自然公園等等，發展成景觀建築的業務範疇，我有點像是在追隨他的腳步。

長谷川　也就是所有行動都以「風土」為本嗎？讓人們知道他們平時就是生活在這個巨大的自然循環當中。只要人與人、人與土地有連結的話，就不用所有細節都照顧到了。

廣瀨　最重要的，是怎麼去看待自己做的事

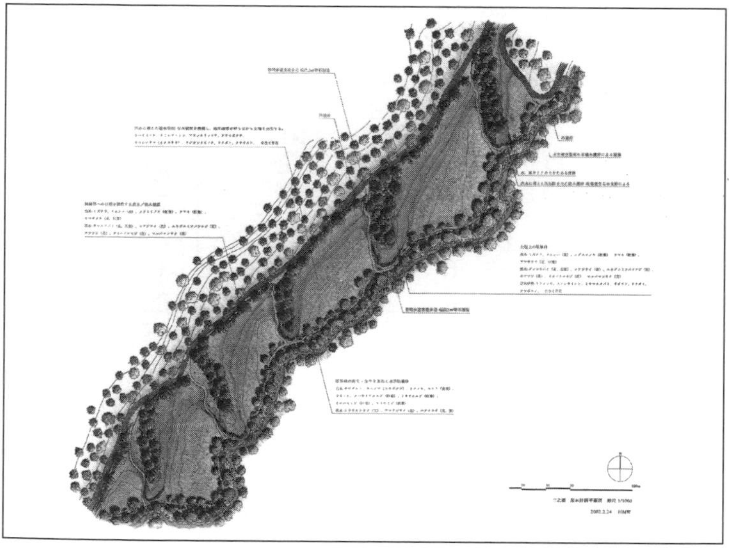

作為隧道工程營建棄土處理場的河岸土地環境修復設計案例。（飛驒市，二〇〇二年。共同設計者：栗田融）

情是為了什麼。我分析土地的方法的確有受到瑪哈理論的影響。

景觀設計不是單純擺上雕塑作品就算完成，而是「出現」原本沒有的事物。

長谷川　做一個案子時，我覺得「思考自己的定位」很重要。在這個案子中，只要清楚自己是基於什麼立場出現在那裡，就會知道該往哪裡去。

廣瀨　長谷川先生說得很具體。先問我是誰？我扮演的角色？我在這裡做什麼？還有我的這個角色要在這裡改變什麼？先有這層認知，就比較容易確立一個地區和空間存續的方向。

長谷川　思考自己想透過這個案子達成什麼？作為一個設計師可以做些什麼？

山崎　我在舉辦居民參與型工作坊的時候，首先也會釐清一下各自的立場，包含我在內的現場所有人。比方說會來參加週三晚間工作坊的人，是時間很多的人、沒朋友的人，還是有什麼企圖的人（笑）？詢問他為什麼會來參加，「因為我想做這樣的事」，如此一來，就會清楚大家集結在此的目的，讓事情進展得比較順利。

廣瀨　我覺得景觀設計，不是單純擺上雕塑作品就算完成，而是「出現」原本沒有的事物。我想做到的是，居民被我的工作成果打動，進而自主發起一些活動，這樣才算是完成一幅完整的風景。

長谷川　我明白你的意思。希望自己的參與可以讓事情往好的方向發展。或許大家想要的都不只是設計景觀本身，而是製造一個形成景觀的機會，即使方法不只有一種。

山崎　廣瀨先生的公司名稱裡有「形成」兩個字，就很清楚地表達了他的理念。雖然沒辦法設計所有環節，但是期待在製造各種機會後，會出現良好的風景。我很明白你不想把它與以往的「設計」相提並論的心情。

廣瀨　其實我反而覺得這才是設計。只是設計這個字現在已經和「任意操作型態」的意思分不開了。所以即使想要讓這個字回歸本質，也很難讓大部分的人理解。

廣瀨先生負責蒐集聚落居民意見，進行基本設計的「古川町黑內地區生活環境保護林」。（飛驒市，二〇〇一年）

很難深入了解每個景觀背後的脈絡。

長谷川 我之所以想要和廣瀨先生見面，是因為我一直有一個問題，覺得自己透過設計想達成的目標很難被驗證。尤其是公共空間，當設計完成後，提供給每一個人的東西全都相同，也沒有選擇的問題。

因為我待的是一般認知的設計公司，我必須帶員工，也要付薪水，沒辦法像廣瀨先生一樣長時間在聚落蹲點，很難深入了解每個景觀背後的脈絡。我同樣也希望自己的設計能影響整體景觀，只是對地方來說到底有沒有效果，我卻不得而知。

不過不管是我還是廣瀨先生、山崎先生，對地方來說一樣都是外來者吧。那麼我和廣瀨先生的差別只是涉入程度不同嗎？還是單純立場不同而已？

山崎 很多人都會煩惱這個問題。我剛進設計這行時也很熱衷於打造一個好的空間，但某個時期我開始有了和長谷川先生一樣的煩惱。設計景觀的時候應該要再想得更深、更廣吧？應該要多花一點時間訪談、蒐集資料吧？可是考慮到公司的經營層面，沒辦法把全部的心力投入在特定案子上。這種彷彿要有特殊能力的超人才有辦法完成的工作模式，沒有人追得上。居民參與型的工作坊主持得好、能畫美麗的素描、有豐富的生態學知識、具備出色的設計品味，還要長時間投注在一個案子，這種人應該不多。要聘雇什麼特質的員工、該如何教育，怎麼樣才是培育新人的正解？同樣的問題廣瀨先生應該也有想過吧？

廣瀨　在那之前，我的難題是沒辦法用我的案子為年輕人創造工作機會。不像長谷川先生那樣，已經為年輕人鋪好一條成為景觀建築師的道路。

而且我在很青澀的時候，參與了橫濱港灣地區的業務，那是長谷川先生設計的公園所在地。那時長谷川先生教會我很多東西。我就沒辦法像他一樣可以一邊保有對設計的熱忱、一邊管理公司，還能提供磨練的機會給年輕人。

長谷川　太好了，我好像還有存在的價值。

廣瀨、山崎　當然有！（笑）

＊1　Ludwig Mies van der Rohe：二十世紀現代主義建築師代表之一，曾擔任德國包浩斯學校校長，後因遭到納粹迫害逃亡至美國。

＊2　日本景觀建築師、長岡造形大學校長。

＊3　Peter Walker：美國景觀建築師，活動範圍遍及西歐、東亞和澳洲。

＊4　William Johnson：美國景觀建築師，一九九〇年代曾與彼得・沃克合作。

＊5　Lawrence Halprin：美國景觀建築師。一九六〇年代開始，將工作坊形式導入市民協力的都市計畫。

＊6 Ian McHarg：蘇格蘭景觀建築師、曾任長岡造形大學校長。

＊7 二〇一一年三月十一日的東日本大地震發生後，景觀建築重新被定義為：「讓人類社會重新回歸自然界物質循環系統中的土地利用技術」。

＊8 Frederick Law Olmsted：紐約中央公園規畫者，第一個正式以「景觀建築師」自稱的人物。

GUEST

03

長岡賢明

設計師／D & DEPARTMENT PROJECT 代表

NAGAOKA KENMEI／1965 年生於北海道。1990 年日本設計中心入職。曾任職於設計研究室（現為研究所），後來創辦DRAWING AND MANUAL。2000 年於東京世田谷展開結合設計與資源回收的新事業「D & DEPARTMENT PROJECT」。而後陸續於大阪（2002 年）、札幌（2007 年）、靜岡（2008 年）、鹿兒島（2010 年）開設分店。2009 年推出用設計觀點遊覽日本的旅遊誌《d design travel》，現已發行北海道、鹿兒島、大阪、長野、靜岡、木篇。

山崎亮

一開始我被「不創作新品的設計師」這個頭銜深深吸引。像我這種從事設計人際連結的工作，時常會有人質疑：「這真的算是設計嗎？」面對這個問題，長岡先生很肯定地說「這就是設計」。一個永續設計的誕生，不只是產品的外型，還必須建立起生產、流通、販售的完整生態系；光是有型或是線條優美無法成為永續設計。「想要跟這個人一起工作」的心願，後來終於在鹿兒島「丸屋花園百貨」的事案實現。

設計是「生態系」的一環，只有設計優良是無法讓物品永續。

山崎　先坦承一件事，就是我對長岡先生一直有種親切感。景觀設計這個行業，硬要分類的話，長谷川先生算是正統的景觀建築師，是設計空間、創造物體的硬體派。而我自己曾經是硬體派，後來考量到，空間完成後的使用方法是形成景觀的關鍵，便透過舉辦工作坊，強化「我的家鄉我來打造」的在地人意識，從硬體派轉變成軟體派。雙方想要做的都是創造豐富的「狀況」，只是努力的方向不一樣。看是從設計硬體著手，還是從軟體面改變人們的意識。然而像我這樣從軟體面去切入時，就會有人認為「你這樣並不是在做設計」。所以這次行前研究長岡先生的資料，發現我們兩人有不少共通點的時候，心情豁然開朗了不少。

長谷川　屬於硬體派的我，基本上都是設計具體的空間。不過在那個當下我會想：「這真的是最好的做法嗎？」雖然我對山崎先生在做的事也很感興趣，可是我做不來。我認為設計一定有它的意義和目的，但心裡還有一些糾結。看起來長岡先生是把設計出來的物品，連同之後的處理流程，都視作是設計的一部分吧。

山崎　看完長岡先生的書，我對永續設計的解讀是一種創造「狀況」的方法，並非設計形體。

長岡先生的「NIPPON PROJECT」，是在四十七個都道府縣分別開設一家「D & DEPARTMENT」店面的計畫，顯示出「打造連結地方產業和年輕接班人、設計者之間的有機體」的意志。設計的不是空間和物體，首先我對這件事就很有共鳴。設計地方景觀時，即使請了東京的設計師用網格和線條打造出廣場，如果沒有充分利用，或者沒有一個讓當地人持續與廣場互動的制度，不會成就好的景觀。我的《OSOTO》雜誌就是基於這樣的理念創辦（二〇一九年七月停刊，隨後以《OSOTO web》網頁版形式重新上線）。這是一本介紹達人活用戶外空間的雜誌，因為我認為景觀設計不只是設計空間，積極運用戶外空間也是其中一種。不從形體著手，而是慢慢地帶起整體風氣。我覺得這滿像長岡先生在做的事，以及永續設計的精神。

長岡　其實優良設計獎裡面也有設置永續設計的獎項。從設計界的角度來看，可以獲選為永續設計的理由，是因為其優

店內陳列商品皆是和食衣住相關的永續設計。長岡先生手上拿的是日本最大包包製造商ACE所製造的「ACE尼龍包」。

秀的設計。但是從銷售端來看，會用生產管理有沒有做好、每個月最大生產量等等這些和設計無關的標準來檢視。開店超過十年後，也有遇過人家想委託我們做出永續設計的商品。雖然也不是做不到，但要符合永續設計的資格，必須滿足我開出來的十個條件。其中一條是「良好的設計性」，其他九條包括「生產不能追隨流行」、「富機能性」、「能夠修理、持續使用」等等。我們實際跟幾家公司合作過，結果他們都想憑市場的反應來選色，但這不是我想要的。你越想要推出流行的款式，就越容易被冠上「老氣」、「退流行」的字眼。不過很少有人明白這個道理。

長谷川　永續設計本來就是長岡先生設定的目標嗎？

長岡　不，是偶然發生的。設計界都說設計得以存續是「因為設計優良」，或「因為是柳宗理做的」。但設計是「生態系」的一環，產品沒辦法只靠設計優良來生存，還必須滿足其他諸多條件才行。

永續設計的10個條件

1	修理	擁有經修理得以持續使用的制度和方法。
2	價格	適當的價格確保製造方的經濟狀態得以存續。
3	銷售	銷售端要有傳達製造方心意的強烈意志。
4	製造	製造方要對「製作東西」有愛。
5	機能	便於使用，富機能性。
6	安全	沒有危險要素，確保安全。
7	計畫性生產	數量徹底依照計畫生產，可預測。
8	使用者	除了商品本身，擁有使用者能夠持續關心相關議題的機制。
9	環境	不管對什麼時代的環境都是友善的。
10	設計	外型優美。

德國產品設計師迪特・拉姆斯（Dieter Rams）影響了無印良品，和產品設計師深澤直人的設計風格。這位八十幾歲的超大咖設計師，他設計的Vitsoe系統收納層架，因緣際會下由我們公司代理日本銷售。那時候Vitsoe社長訪問日本時，提到設計的進化就好比動物的進化，「魚的尾鰭之所以長度拉長，是環境驅使的結果。設計也應該要隨著環境改變一點一點慢慢進化，但大家都期待它必須一口氣進化完成。」這種設計生態系的思考方式，就和思考景觀與自然生活環境間的關係是一樣的吧。

店剛開幕的時候，完全沒有用展示架陳列商品。

長谷川　兩個禮拜前我去了東京世田谷的D & DEPARTMENT，回來時才意識到店裡很有景觀的氛圍。一開始不明白為什麼，只覺得待在那裡很舒服，但不只是因為陳列童年電視機桌子的那種懷舊感般簡單。店裡展示的雖然不是新品，但都是基於某種意圖挑選、陳列出來。這些東西在這裡產生了新的變化，在時空和空間上相連成風景。激發我想嘗試這種設計的慾望。我在店內的時候，陽光剛好從窗外照射進來，比起身處店舖，更像待在一個和外面相連的「場所」。

長岡　剛開幕的時候，我們沒有用專用展示架。不過當作展示架用的商品一旦售出，就會顯得有點空虛。後來我想，什麼樣的展示架可以突顯我們的風格，於是決定用現在這種鋼架，因為鋼架跟樹木一樣到處都看得到，無處不在。

而且當我看到世田谷這棟房子的時候，我就想如果不租下來，就沒辦法把我當下的感動傳達給大家。我想把全部的資金砸下去，讓其他人也可以感受這個空間。在其他地方展店的店鋪，按照規定也必須盡量選擇和當地調性一致的房子，盡量不去修改內部裝潢。為了保留熟悉的調性。這家店的不同之處是會開窗。一般在百貨公司賣東西關窗戶是鐵則，為了讓客人把注意力放在商品上。

長谷川　是啊，不小心太放鬆了。

陳列各式各樣永續設計的D & DEPARTMENT PROJECT TOKYO店內景觀。

長岡　所以東西賣不出去（笑）。

當我接觸越多，便開始思考到底何謂「設計」。

山崎　我對剛才提到的十個條件很感興趣。長岡先生覺得除了「良好的設計性」之外還有更多必須思考的項目，或許景觀設計也該參考這種思維。如果十條中有一條是「良好的設計」，其他九條就可以思考「應該建立什麼樣的組織」、「如何提升賣場的服務品質」等等，全部的條件成立後就能誕生出良好的空間和狀況。拜讀長岡先生的著作《長岡賢明的思考》、《長岡賢明的工作術》，看到很多他對溝通、組織和經營的見解，會感覺這個人是認真想要營造「好的狀況」。

長岡　原研哉先生曾經跟我說過「要培養自己的頭銜」。如果你想要掛上「設計師」的頭銜，就得再次檢視設計的本質。你因為憧憬前人拓展好的狀態才想掛上的頭銜，去質疑它一下，思考這份工作的社會角色是什麼。雖然我也是嚮往設計師這個職業才成為其中一份子的，但是當我接觸越多，越會反思到底什麼是「談設計」或「設計是什麼」。然後就會冒出「我現在不應該繼續做設計」、「應該要賣合理的設計」、「應該要開店」等等的想法。最近則是覺得，如果不從事農業就沒辦法設計，所以開始經營農園……已經搞不懂自己了（笑）。但是為了推廣自己認為合理的設計，我自己必須遵守十條規定，也要培養認同這個理念的市場，這是我得出的結論。

山崎　我同意你說的，要培養頭銜、市場和行動，就必須好好把自己在做的事傳達給他人知道。開放空間完成後不是到此為止，為了讓當地人可以在這裡放風箏、探險里山[*1]等自由地活動，就得制定管理機制、建立自己的溝通手段。如果範圍再擴大到管理公園周遭的城鎮，要思考的事情又更多了。必須用簡單明瞭的語言，去說明要做什麼才會產生什麼樣的狀況，這也是景觀設計的能力之一，是培養自己頭銜的必要過程。

思考設計得到的結論是農業。在千葉縣經營農場D & FARM，栽種自家食堂使用的無農藥食材。

時時提醒自己保持「全國不分區」的心態。

山崎　有一件事情算是我的煩惱吧。在某個地區組織活動團體，一開始居民們都運作得很順利，但是常常過了幾年，組織都會出現排他性，出現分別「我們」和「他們」的封閉感。為了社群的團結，增加成員對組織的向心力，做出區別某種程度上也是沒辦法的事。但是過一段時間就會發生新人很難加入的狀況，慢慢地組織的活動會變得疲乏。如果沒有新面孔的參與，也很難產生新點子，所以組織該怎麼維持開放的狀態是很重要的課題。

　我會特別把團體進行中的活動有系統地記錄，每個案子都會製作一本手冊指南，讓中途參加的人也能有自信地加入。這方面長岡先生有特別為了培養人和市場做什麼努力嗎？

目前D & DEPARTMENT除東京店外，也在四個都道府縣開設分店。右為大阪店，左為札幌店。

長岡　我會時時提醒自己保持「全國不分區」的心態，還為此在公司設置公關部門。比方說我們有一個企畫想要刊登在《Casa BRUTUS》，但是對方因為某個理由拒絕刊登，「那我們該怎麼做才好呢」、「帶社會性的訊息要再多一點」去做這些討論。現在手上正進行一個協助某地方設計縣立美術館的案子，大家都希望蓋出第二座「金澤二十一世紀美術館」。但是我認為那個地方是靠公關宣傳的力量成功的。因為公關用全國各地都通用的話術宣傳，還找了藝術家代言。全國放送的宣傳必須讓任何人都清楚好懂。如果你想傳達自己的設計理念，你的發言就要有刊登在媒體上的價值。

之前上了NHK的節目「Top Runner」後，我的心得是說話時不要用專業術語和行話，一定要講阿公阿嬤都聽得懂的話。因為NHK播放的區域遍及都市和鄉下，必須用全國性的語言，得用這種觀點來談設計，讓所有人都可以理解。我花了五、六年的時間才意識到這件事。

山崎　所以說為了不要讓社群封閉起來，我們必須創造機會讓外部觀點被看到。換個說法就是讓社群注意到外部眼光。考慮的面相會不同於在《新建築》、《LANDSCAPE DESIGN》、《idea》、《BRAIN》等業界雜誌，那種提高專案知名度的思維，最重要的是，不要以只有專家和業界才懂的方式去說話。

長谷川　這個議題滿有意思的。山崎先生提到的，算是某種社區設計的封閉性吧。這也是我一直很在意的部分，但要形成一個社群就必須先封閉起來。或許解決辦法就是剛才提到的全國性，在一個良性的基礎上引進外人的觀點，重新打開封閉的社群。

保留永續設計的想法跟景觀很類似。

長岡　我曾經為了把永續設計的思維帶入生活中，出了一本手冊《d》。後來我徹底檢討了一下，雖然想推廣永續設計的重要性沒錯，但是用設計雜誌的形式表達，充其量只是自我感覺良好而已，這些訊息根本沒有傳達給我想溝通的對象；所以我們現在要把它轉型成「旅遊指南」（訪談後不久《d design travel》創刊）。如果不貼近那些顯而易見的需求，書就賣不出去，也不會有人聽到你想傳達的訊息。這樣的話還不如捨棄專業設計誌，改成一般人好懂的旅遊書，讓永續設計有機會成為日常生活

為提倡永續設計所製作的手冊《d》目前已休刊。接續出刊的是《d design travel》，從設計觀點介紹四十七個都道府縣的旅遊情報。

風景的一部分。

所以，接續剛剛的話題，如果想讓社群保持開放，我認為只能在四十七個都道府縣打造出同樣的社群才行。只要四十七個社群有一樣的煩惱，就能維持全國不分區的開放狀態。

這本旅遊書，每一期就是一個都道府縣的特輯。也希望可以借助兩位的力量，比如說刊登《OSOTO》的文章，或是寫寫景觀設計的土地故事之類。不知道有沒有機會合作呢？我希望能做出全國性的內容，如果能和兩位共事就太棒了。

長谷川　應該保留永續設計的想法其實跟景觀很類似呢，兩種都有留下來的理由。如果觀光區的商家都能用更長遠的眼光來經營就好了；現在都是短視地追求眼前的利益，生意做不長久。該怎麼遊說這些人才好？不過從設計硬體的立場來說，會很想證明一個長期的設計也能有好的集客效果。而這實際上不只是硬體的問題，還牽涉到整個設計生態系。

山崎　景觀設計也常常用到「生態系」這個字呢。景觀要在這個場所成立，必須和周邊的地形、水流、動物和昆蟲有所連結，以這個為前提去設計是很重要的。不過土地上的居民活動經常沒有顧及生態系。所以如果讓居民參與更多家鄉的管理事務，說不定城鎮的景觀就會有所改變。那麼在這層意義上，設計空間時，居民的意識也必須進行改革。積極打造參與鄉鎮事務的社群，同時引入全國性的觀點，以便保持相對的態度看待自身的活動。我很期待看到這麼做將為行動，或者景觀帶來怎麼樣的變化。

長谷川　的確一個人很難去影響整體景觀。基本上自己就是風景的一部分，部分卻想掌握整體動向，說得極端一點就是莫名其妙。我最近對於設計狀況需求的要素，稍微理出了一點自己的心得。比如拿這家店來舉例，雖然只要擺出自己喜好的選品就可以稱為選物店，但這家店卻完全不是這麼一回事，他想透過設計帶來一些改變。或許當你朝著一個目標前進，試圖引發改變的時候，狀況就會隨之誕生。

不過長岡先生和山崎先生都想要貫徹十個條件實在太令人佩服了，感覺充滿活力。

長岡　其實還有很多事情還沒做到（笑）。只是常常被別人講「做不到的事就不要說」，我只是說出我想做的事，做不做得到倒是其次；只因做不到就不做不是很無趣嗎。

山崎　就當攤開一張都是破洞的大餐巾吧[*2]。就算都是破洞，只要攤開它，就會有來自四面八方的人來幫你把洞補起來的。

＊1　日文有故鄉之意，泛指介於村落或山間的地方。
＊2　日文諺語「攤開餐巾」意指說大話。

對談 1

山崎

長谷川

現場訪問

姬路市・家島的社區營造

場景拉到山崎亮擔任代表的studio-L長期活動地點——兵庫縣姬路市家島町。為了協助居民自主進行社區營造，企畫社區營造研習、居民工作坊，以及島外大學生發掘島內魅力的「發現島嶼計畫」等活動。2006年當地主婦們主導成立「NPO法人家島」，自此活動主體轉移至居民。

長谷川浩己

這次來到山崎先生參與案子的所在地——家島。我很好奇他會用什麼語氣說話，以什麼話題融入當地。可能因為相處好幾年了，在我這個旁人看來，氣氛相當和樂融融；看得出來彼此有著深厚的信任關係，想必花了很大的力氣才能走到這一步吧。山崎先生應該有深刻的外來者自覺，一個外來者引發的風波，如何善加利用把它帶往好的方向，我想他很清楚。那個笑容背後有著冷靜的計算，清楚掌握全貌，不同情況的解決方法都環環相扣。從工作坊到手冊的細節，展現的正是設計的真義。

在設計公司工作的時候，漸漸開始為了兩件事情煩惱。

長谷川　山崎先生最讓我驚訝的是，你經手的工作種類之多。不只是硬體面的設計，連軟體面的公園管理、社區營造，甚至地方政府的都市綜合計畫也是你的工作範圍。話說回來，你認為「設計」的界線該怎麼畫分呢？

山崎　我曾經在一年前的某個案子被問到所謂「設計的定義」，我回答設計是「為了解決社會問題，並因而揭示美的力量」。這句話現在拿來向別人說明我的工作也還是很合適。設計是一種解決社會問題的行為，同時也必須兼顧美感。如果缺少引起共鳴的美感，你的想法沒有辦法傳達給更多的人。

長谷川　時常聽到「○○設計」這樣的說法，那山崎先生的工作可以怎麼稱呼呢？應該跟設計師原研哉先生說的「溝通設計」有些不同吧。之前也有提過，我認為所謂的「景觀設計」，只是設計風景的其中一小部分。聽完山崎先生的分享，深切感受牽涉景觀的社會問題真的是很多元。所以實際上是在一個錯綜複雜的狀態下進行設計的嗎？

山崎　之前還在設計公司工作的時候，漸漸開始為了兩件事情煩惱。一個是日本人口確實在減少當中。經濟進入低成長，稅收減少，連帶公共事業的預算也跟著銳減。先不提新的公共建設，往後甚至有一些地區無法翻新老舊的公共設施；也就是說無法指望可以持續接到公共事業的案子。在這樣的時代背景之下，我們還要不斷設計新東西嗎？

另外一點是，每年包括米蘭家具展在內的展覽，全世界的設計不斷在推陳出新。或許成功入手的人會感到幸福，但有很多人沒辦法享有這些設計。如果沒有辦法得到全部的新商品，我們就會一直覺得不滿足。設計的使命是，時常推出新品煽動人們的匱乏感，還是採取和商品量產不同的路線，「用設計讓人幸福」呢？

思考這兩個問題的過程中，我越來越常決定捨棄設計空間，以設置專案來解決眼前的課題。因此成立地方組織處理特定議題，提出能夠充分運用現有空間的方案，還有培育居民實踐這些行動就逐漸變成我的工作。

山崎先生的社區設計是一種說故事的手法吧？

長谷川　常常聽到人家說「蚊子館」，批評公共設施閒置的問題，不過也不代表花費龐大預算蓋公共建設就一定是壞事。那麼是好是壞該誰說了算，我們有其他選擇嗎？是誰可以決定其中的判斷標準？

山崎　可以的話，希望在地居民參與所有的決策過程。了解那片土地的自然環境和城鎮現狀後，不管需不需要硬體建設或者軟體面制度，都讓居民自己決定。我認為省廳和議會不要自作主張，而是要建立一個機制，讓生活在那塊區域的人們能夠表達意見。我的目標是設計出一個機制，讓每一位居民關注自己的生活環境，進而用自己的力量讓家鄉變得更好。這樣的嘗試，在人口數不多、大概幾千人左右的城鎮有可能實現。

長谷川　意思是以往公共建設的設計目的都不明確嗎？

山崎　我相信是太過受到政策的影響，或是被企業的意圖控制。以公共事業來說，有些設計師眼裡只有政府負責人，根本不去考慮使用者。企業裡的設計師，有些也是看企畫部和業務部的臉色在做設計。那該怎麼做才能把使用者和設計者連結在一起呢？比如說工作坊就是其中一個解法，

家島的真浦港。以往島上造船業繁盛，港口內有數艘大型船隻停泊。壯闊景觀的背面是重工業的衰退、人口外流及高齡化。地方都市會碰到的問題，在這座島嶼也不例外。

但不是萬靈丹。如果不設計出連結使用者和設計師的多樣化機制，那麼情況是不會改變的。

長谷川　觀摩家島的活動後，發現山崎先生的社區營造，可以說是一種說故事的手法。同樣的事物，如果知道背後有故事就會備感親切，當然如果濫用就會變成蓄意操控。格雷戈里·貝特森[*1]曾說過：「人類用故事在思考。」之前被批評「蚊子館」的建築，應該都是因為沒有故事性吧，虛有其表而沒有內容。

人不只是人，藉由和別人建立關係，當大家都成為主角時，就會自主行動。而山崎先生的工作就是從旁協助吧。

山崎　你看到的活動是「發現島嶼計畫」。我們邀請島外大學生，利用團隊建立[*2]、破冰遊戲[*3]和領導整合[*4]等等的工作坊手法凝聚成員的向心

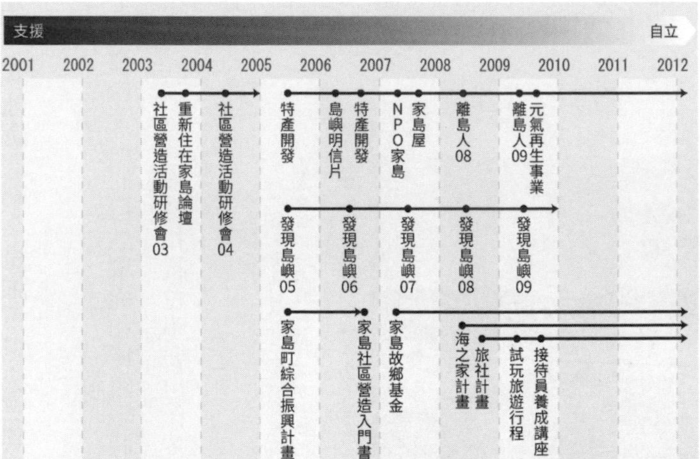

家島的活動可以回溯至studio-L成立公司組織前。活動內容以社區營造研修會作為開頭，協助居民自主成立社區營造組織。NPO組織成立後活動數量增加，活動主體也轉移到居民身上。

力。同時把島上田野調查觀察到的事物，依照不同主題編輯成冊。

　這個活動是為了讓島上的居民了解，島內和島外看待小鎮的眼光有多麼不同。今年是我們來到這裡的第七年，居民已經萌生出社區營造的意識，二〇〇六年島上成立了第一個社區營造相關的NPO組織。阿姨們一開始連什麼是「社區營造」和「NPO」都不知道，只是單純想為家島做一些事。這就是一種「自己的生活，自己設計」的行為，而我們的確設計了一個孕育出這種狀況的機制。

認識了許多居民並從他們身上學到很多，我因此變得更幸福。

長谷川　這幾天給我留下很深刻的印象。昨天我去了京都即

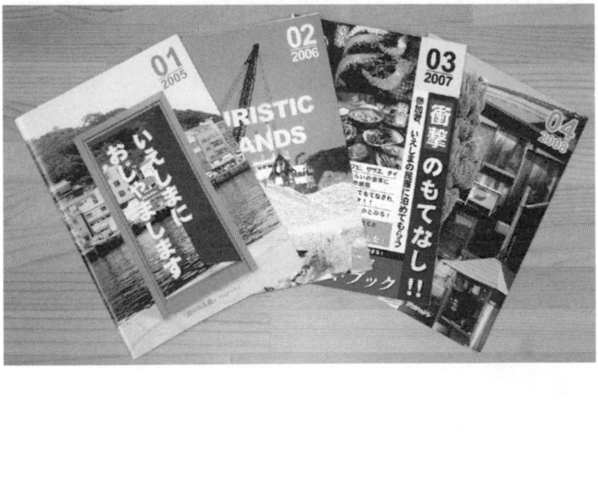

集結「發現島嶼計畫」活動成果的手冊，記載學生發掘到的家島寶物。也可當作原創的觀光指南欣賞。

將開幕的渡假村工地現場。京都是一個很特別的地方，也是數一數二的國際旅遊景點。我現在踏入的是被譽為日本庭園聖地的世界，我們正在打造一個比以往都還純粹的庭園；但這和在圍繞社會問題的城市工作不一樣，這裡沒有居民。單純只需要和日本庭園的悠久歷史，以及職人們在世界各地精心細選的素材深入交往即可，是足以成為京都城市品牌的出色文化。可是，這種情況下要貢獻的社會對象是誰呢？因為這種情況和山崎先生在家島的活動，對我來說都屬於景觀設計的範圍。

昨天是京都，今天是家島，明天則是岩手的案子要和居民一起舉辦工作坊。庭園設計、城鄉再造、工作坊……不停穿梭在硬體和軟體間。這麼大的幅度或許表現出了景觀設計的狀況。

我到現在還是沒有完全釐清存在於我和山崎先生之間，那個景觀設計涵蓋的幅度，這也是我一開始對這個企畫的期許。對我來說，這些事情之間一定有著共通點，但是當我們討論得越多，我卻越來越沒有頭緒。雖然這也是一種樂趣。

山崎　我也有同感（笑）。

長谷川　在硬體和軟體的正反兩極之間，也有不同的分類。山崎先生是怎麼在每次接到的工作中，決定自己的定位呢？

山崎　完全憑感覺耶，看是屬於設計還是管理。視當下的狀況找到自己的定位。

長谷川　雖然我負責硬體設計，但也必須跟軟體搭配合作。尤其是公共空間，設計重點越往硬體集中，使用對象就越抽象。所以每個案子硬體和軟體的整個橫跨幅度中，我都會思考自己的位置在哪裡，煩惱自己最適合的角色是什麼。不過到最後，我還是希望打造一個場所，讓每個來到這裡的人能有所感受。這麼說來，我果然還是屬於硬體派的吧。

山崎　十年前我還在設計公司的時候，也是偏硬體的。那時候我對設計東西很入迷。後來當我有了「兩個煩惱」後，就覺得當務之急應該是軟體面的設計和管理。我就在還沒完全想通的狀態下朝軟體的方向發展。後來陸續參與了公園管理、社區營造，甚至是居民參與型的綜合計畫擬定。

　我覺得我現在的角色是，一個了解設計師心理的協調者。對硬體設計有興趣，後來受「兩個煩惱」驅使轉向軟體管理的人。剛好我也很喜歡和人對話，開始辦工作坊之後真的做得很開心。認識了許多在全國各地從事社區營造的居民，從他們身上學到很多。就結果來看，這些工作讓我變得更幸福。

長谷川　這種飛躍性的發展滿有趣，像山崎先生類型的很稀

成立NPO家島的阿姨們。山崎最期待的就是和島上的人聊天、品嚐用這塊土地的食材創作出來的料理。

有呢。

山崎 長谷川先生也是啊！能夠理解軟體派心情的硬體派很少見。如果我們這種協調者和長谷川先生這種設計師合作，應該會為景觀設計創造出新氣象，或許能夠催生出新的狀況吧。

長谷川 是啊，希望可以合作看看。像剛才的工作坊，我真正想知道的不是居民想要什麼東西，而是想要的理由是什麼。因為社群的真實心聲，會是設計時的重要依據。

山崎 問出「你想做什麼」比起「你想要什麼東西」還來得重要呢。具體的形體交給設計師煩惱，我們需要居民做的是：好好想想「你想要在這個地方做什麼」。這時候就需要一個能清楚統整居民意見，再傳達給設計師的角色。而且這個人最好也要懂設計。單純只是社群主義者（communitarian）的話，沒有辦法和設計師一起創造幸福的合作關係。

很多學生想要從事跟山崎先生一樣的工作，應該可以說是時代的氛圍吧。

長谷川 就像山崎先生說的，時代的確在變。雖然有點不太確定，不過聽說義大利的建築設計工作有八成是修復，兩成是新設計。日本某種程度上也正在朝這個方向轉型吧。

山崎　這算是成熟社會的表現，必須花上一段時間才能到達這種程度。或許也可說是歐洲的現狀。相較之下在日本，想設計新東西的設計師比例還是很高。學景觀設計的學生沒辦法進入設計公司工作，這應該無法歸咎於不景氣這種一時性的理由。

長谷川　我覺得這也是大部分人的感受。

山崎　如果是這樣的話，最好思考一下以介紹作品為主軸的《LANDSCAPE DESIGN》雜誌，應該改為傳遞什麼樣的資訊。不用像以往那樣老是介紹一些創作形體的設計師，重要的是，揭示往後的時代需要的設計是什麼。和景觀相關的工作種類很廣，我們應該要盡量避免讓學生因為憧憬雜誌上的設計師，在大學裡拚命念設計，結果畢業出社會後，發

登島參加發現島嶼計畫的學生們，他們的表情對於為期三天的工作坊充滿期待。對學生們來說，是了解地方城市現狀的珍貴機會。

現沒有工作覺得被騙的這種狀況。

長谷川　現在有很多學生想要從事跟山崎先生一樣的工作，應該可以說是時代的氛圍吧，或是他們在冷靜地觀察早幾年出社會的學長姐們現況。不過我不樂意見到出現刻意不設計作品的「反硬體派」。

山崎　老實說，我也很在意最近學生「反硬體」的態度。沒有設計過作品的人，只用嘴巴嚷嚷「現在已經不是硬體的時代了」很不合理。所謂創作形體，必須在設計的過程中，考慮現場的職人、客戶的意見、預算和法規、結構等種種要素，從中習得平衡感。這種平衡感可以幫助你協調不同背景的居民意見，讓工作坊順利進行。

一個社會能不能製造適當規模和適當數量的東西，是判斷社會是否進入成熟期的標準。不是否定製造物品這件事，而是我認為，這個時期正好讓我們冷靜思考，到底什麼是好的設計。

其實當時山崎被不明原因的強烈腹痛襲擊，但還是笑臉盈盈地享受和長谷川的對談。當然結束後馬上直奔島上的醫院，幾天後再度展開在全國各地奔波的行程。

讓居民重新用自己的力量豐富自己的生活。

長谷川　今天想再和山崎先生討論的題目還有，課題對設計來說是必要的嗎？我自己是很難漫無目的地做設計，每一次工作都會鎖定某個課題。但其實沒有方法可以驗證我的設計是否真的有解決問題，所以感覺有點自說自話。

山崎　我們在說明藝術和設計的差別時，會拿「課題」舉例，這並不是說藝術家就沒有想解決的課題。如果說藝術，是藝術家把自己對於各種課題的感受表現出來的成果；那設計就是設計師面對課題，明確提出該怎麼解決，因為設計師必須對業主負責。設計案的業主和藝術計畫裡的贊助商不一樣。當然設計要解決的課題不只一個，它是一次解決複數課題的工具。

長谷川　我同意。我們從事景觀設計的服務對象很廣，如果是住宅，除了業主的課題之外，還有都市整體的課題，以及設計師的發想所衍生的課題，思考的內容分成好幾個階段。「問題解決*5」在設計裡扮演很重要的角色，除了定義課題的範圍之外，也有很多種設定課題的方法。

山崎　「問題解決」是要交給專家做還是居民做，我的工作就是負責協調兩方。我們看到很多公共事務近年來都由專家提出對策，居民享受問題解決後的成果，這種形式已經變得理所當然，結果就是助長了有點超過的顧客至上主義。為了回復江戶時代那種自己的地方自己管的型態，就是我成為社區設計師的理由。

基本上都會有「人與人之間沒有來往」這樣一個大課題在，說得極端一點，只要讓人們產生交流與連結，我的工作就算成功。接著還要引導這些人靠自己的力量，一一去解決自己發現的地方課題。這些行動幫助了他人，不只對自己的社區也對公共領域有正面的影響，鼓舞人們繼續解決問題，形成一個正向循環。

長谷川　我的課題連我自己都覺得有點自我感覺良好。比如說我個人對輕井澤工作的最終目標，就是希望那邊成為一個永續的觀光城市。打造一個對這片土地、居民、訪客或是商家來說都滿意，又能維持品質的循環。所以我內心私自把星野渡假村當成是示範樣本。只是，當看不見成果的時候，又沒辦法驗證我的作法是否可行，所以與其說是課題，不如說是一個夢想。

山崎　其實就像我的工作一定有一個「社群間沒有連結」的課題，經濟導向的設計，也一樣會有東西或服務賣不好的大前提在。

幾乎所有的工作坊都可以得到解答。

山崎　我的工作因為最後提出解決辦法跟執行的都是居民，沒有機會讓我自我感覺良好。如果要說心滿意足的時刻，大概就是居民們開始進行超乎我預期的行動，光是在旁邊看都會忍不住讚嘆的時候吧。

長谷川　這種協調的角色，某種程度上就像一種媒介呢，或許比較接近中井久夫醫師，以畫風景理解精神狀態的醫學領域了。不過我個人是沒辦法做到這樣，我還是必須透過具體的形體。

山崎　協調也有分很多種，大多時候都是在教育或終生學習相關的場合，去引導、促進對話。我的工作則是為了想辦法解決眼前的課題辦工作坊，對話和成長算是附加價值。在協調專家看來，我的方法應該是先有結論的「計畫性工作坊」吧，畢竟大部分的工作坊最後一定有解答。某種程度上引導居民去解決問題，應該有人不認為這種做法可以稱作協調吧。

長谷川　引導的同時自己會有什麼期待嗎？

山崎　有。如果提出解答後我的工作就算完成，那事情很容易，但是如果大家不自己想辦法、不自己執行的話就沒有意義。所以重點是引導他們試著靠自己的力量行動。不是我直接丟出一個答案大家照做，碰到困難時又回頭找我求救。我都會跟居民說：「是你們自己決定要做的，這個方法不行的話再想別的方法，你們可以的。」如果居民沒辦法自己解決，是永遠無法管理好自己的社區。

長谷川 如果直接給出一個答案，等於剝奪了讓他們身歷其境的「狀況」。我們做景觀設計同樣也會期待探索答案的過程。我對「狀況」這個字很有共鳴，是因為它有一種「未完成」的弦外之音，不知道接下來會發生什麼事，讓人充滿期待。

＊1 Gregory Bateson：英國文化人類學、社會學、語言學、模控學研究者；主要著作為《邁向心智生態學之路》。

＊2 為了凝聚成員向心力、往同一個目標邁進的團隊組織遊戲。

＊3 在會議、講座，或是體驗式學習的分組作業前，為了消除參加者初次見面時的隔閡所進行的遊戲。

＊4 為了活絡領導者和團隊成員間的關係、促進團結所進行的活動。

＊5 problem-solving：發現問題、提出對策到執行的一連串作業。

GUEST

04

鈴木毅

存在方式研究家／近畿大學建築學部教授

TAKESHI SUZUKI／1957年生於愛知縣。1980年東京大學工學部建築學科畢業。1987年同大學博士課程修畢後，1988至1997年於同大學擔任助教。1997至1998年大阪大學工學部副教授。現為近畿大學建築學部教授。主要研究主題包含人的存在方式、環境設計、生態幾何學、居住環境重建。觀察及研究世界各地的公園和都市空間、建築物中人的「存在方式」。主要著作有《都市裡的居場所》、《建築計畫入門》、《OSOTO》（現以網路雜誌的形式連載中）等等。

山崎亮

假設有一個你覺得很不錯的都市空間，當我們要用言語形容它的好，會發現可以用的字彙量很少。「因為很多綠意」、「因為有很時髦的咖啡館」、「因為街道很整齊」，雖然這些都沒錯，但是這裡面沒有提到人的存在。想到的頂多就是「熱鬧」這樣的形容詞而已。「得找出更多的詞語。」鈴木先生說道。「隨意地」、「偶然出現」、「站著不動」等等，得找出更多說明人「存在方式」的字。接著必須思考營造出這種狀況的空間和機制的設計。我很期待這種從人們「存在方式」來發想的軟硬體設計。

從都市的實地考察開始研究「存在方式」的變化。

鈴木 之所以會開始思考人的「存在方式」，要回溯到一九九〇年左右。當時我在研究專業的建築計畫，從一般的建築類型，改成用人類的活動面向去切入。在世界各地都市的實地考察可以看到，日本的都市雖然個別建築和設施都設計得很出色，但是作為一個「場所」卻很貧乏。也就是說，市容雖然變漂亮了，但是卻沒有讓人感受到歸屬感的居場所[*1]。意識到這個問題之後，我開始研究人「存在方式」的變化。簡單說，研究存在方式的概念，就是從人在某個場所的狀態切入，來探討都市和居住環境的品質和目標。

聖許畢斯廣場（法國巴黎第六區）。長椅的設計和配置能看到人的全身，突顯出人的存在感。（71－81頁照片．圖片提供：鈴木毅）

山崎　我第一次知道鈴木先生的研究，是大約十五年前看到雜誌《建築技術》的連載文章。對那時還是研究生的我來說是很大的衝擊。不過可能是因為刊登在專門的建築雜誌上，我問了景觀方面的老師，理解「存在方式」的人並不多。雖然我覺得對景觀設計領域來說，也是很重要的觀點。

鈴木　比起建築人，景觀人對我的研究還更有興趣。雖然在建築領域，研究建築的使用方法和行為是基本，但是我的研究對象不包括人的活動，單純只看人的存在方式。就像「跑步方式」和「坐的方式」，當然也有「存在的方式」。

然而實際進行研究後，卻發現參觀優秀的建築作品時，沒有足夠的「字詞」說明那些讓人印象深刻的畫面。做企畫的人常常會用「有活力」來代表公共空間的概念，但應該還有別的狀態才對。所以我的研究也會思考有哪些單字能夠形容存在的方式。比如說「隨意地」、「偶然出現」、「站著不動」等等。這些都代表不同「存在方式」的類型，都是形容人待在某個場所時的獨特狀況。

長谷川　具體來說你怎麼進行研究的呢？

被稱為balebale的印尼竹台（望加錫海岸的Lae-Lae島）。有人為家人搭建的竹台，不過任何人都可以使用。

鈴木　主要是拍下都市裡看到的「存在方式」照片，分析其中的關係和質量，用類型學來表現。研究行動和空間的對應關係時，一般都會製作平面圖，不過這麼做會看不到周圍的風景和氛圍。照片通常會從人的後方拍攝，以便重現當事人當下感受到的氣氛。

不過，想要用言語說明這種司空見慣的風景時，常常會變成散文式的表現，而不是論文。

長谷川　我以前也被一起共事的工作夥伴說，我講話的風格很像散文。

鈴木　我大概可以理解。雖然兩位都是跑現場的，應該還是有一點不同吧。

長谷川　當然我也學過設計理論那些，但我認為關注的重點還是有一點不同。在說明自己想像的狀況時，常會淪為散文或是公路電影式的表現。如何客觀表現場所中瀰漫的氛圍，也是我煩惱的課題。

居場所不是以點的形式存在，而是相連成線。

長谷川　我設計時會思考「創造居場所的變化」這個主題。單純就「坐著」這個狀態來說，也有無限多種變化，這是我覺得很有趣的地方。設計師的存在，就像是在沒有被設計出的狀況中打上的一點。這一個點，改變了介於公共和私人之間的空氣「坡度」。換句話說，我想設計的就是「狀況的坡度」。鬆動僵化的狀況，不斷變化。

鈴木　舉例來說，有哪個場所特別能感受到你說的「坡度」嗎？

長谷川　也沒有特定的場所。「坡度」是一種連綿不斷的存在，有深有淺。比方說，我設計「東雲Canal Court CODAN[*2]」的時候，就想到居場所不是以點的形式存在，而是相連成線。從那時開始我的設計裡就有了「散步」這個隱藏主題，我在設計的時候，腦中都會想像人一邊閒晃，一邊被吸引到下個場所的景象。

鈴木　我現在已經盡量不講「居場所」這個字了。以前還會用，但現在變成帶有社會性的關鍵字後，給人一種「適合自己」的印象。但我覺得一個公共空間的語言應該不只是如此。原本我把居場所分成「適合的居場所」、「棲息木」和「與其他世界連結的場所」三種類型。這是以前我參觀埼玉縣宮代町立笠原小學時得到的靈感。

山崎　是象設計集團和高野景觀規畫的設計吧。

東雲Canal Court CODAN。寬達十公尺的人行步道串聯六個街區，提升住宅區整體回遊性的景觀設計。（照片提供：吉田誠）

鈴木　我在這所小學學到很多呢。看到小孩們跟設施和場所融為一體，覺得很吃驚。開放空間也可以轉變成私密空間，有短暫停留的地方、獨處的地方、兩個人的地方，或者即使不屬於哪個團體，也可以自在待著的地方。這裡的建築讓我看到非常多樣化的「存在方式」。

長谷川　那麼山崎先生設計的算是哪一種場所呢？

山崎　目前為止我打造的場所，都是在已經無人使用的空間中，設計出「新的狀況」。很可惜的是，日本全國各地有很多這樣的地方，只要給附近居民一個機會，他其實很想做些什麼；雖然從硬體面去翻新閒置空間也是一個方法，不過把居民聚集起來，讓這些互不相識的人們彼此合作，從軟體面著手，反而會有硬體面做不到的狀況發生。接著這些人會慢慢形成組織，一旦成立幾個團體後，這個場所就會產生「坡度」。

鈴木　不愧是新世代。這是從前設計師不會出現的想法。那麼這算是一時性的活動？還是在社會中、地區中建立幾個組

埼玉縣宮代町立笠原小學的設計，允許孩子們的各種「存在狀態」。

即使不加入團體也能待在棲息木。

織，成為長期的活動？

山崎　拿兵庫縣立有馬富士公園*3的例子來說，一年兩次，每次四十個團體齊聚一堂這種屬於短期的活動；另一方面，也有平時就有三、四個團體四散在公園各處活動的那種，有人特地來參加或觀賞，也有人只是坐在草地上吃便當。自從我明白軟體面可以創造出這種日常的狀況後，我的工作範圍就慢慢從公園擴大到城市營造了。

為何需要棲息木般的場所？

鈴木　在千里新市鎮，有一家利用鄰里中心閒置店舖開設的手作社區咖啡館，「東町街角廣場」。它是政府「徒步生活圈構想」的示範案例，二〇〇一年成立的活動據點，由當地居民自行營運。任何人可以隨時隨意造訪、打發時間。不管是閒聊還是討論都市計畫，大家會在這裡交流各種地方上的情報，互動非常熱絡。負責人赤井直小姐說過她搬到千里之後，就一直很想要有一個這樣的空間。

再進一步調查，其實各地都有這類型的場所。社區咖啡館取代社區中心，團體家屋和宅老所[*4]取代特別養護老人之家，助產所取代醫院的婦產科。出現越來越多這種打破現代制式設施的場所。

山崎　概念和英國的「Maggie's Centres[*5]」很像吧。他們幫助的對象包括被宣告罹患癌症的人、在其他醫院接受癌症治療的人、結束癌症療程的人還有他們的親友，這些人都可以去中心尋求幫助。不管是Maggie's Centres、助產所，還是千里新市鎮的赤井小姐，他們的初衷都一樣。不只看到人的單一面向，諸如公司員工、孕婦、患者，而是希望尊重每個人的完整人格。「全人式的照顧」是這些空間的共通點。

長谷川　也就是說，助產所、千里的街角廣場和Maggie's Centres，都是一種棲息木的概念嗎？為什麼我們會需要這樣的地方？

鈴木　因為建築師和都市規畫者都沒有設計出這些人需要的空間吧，所以居民就自己打造。可以說現代的建築師和都市規畫者，都忽略了人作為社會性動物的面相。

山崎　也許因為在進入現代以前，人跟人的關係過於緊密，

東町街角廣場（大阪千里新市鎮）。任何人都可以自在待著，這裡孕育出多樣化的社群。

大家並沒有想到這種關係會瓦解。從前村落裡地緣型社區的規範很多，即使進入現代以後分成教育、福利、環境等不同專業領域，村落的束縛依舊不會消失。只是生活機能細分的狀態維持超過一百年後，不管去到哪裡，都沒有一個地方把自己當成一個全人來對待，造成心裡孤獨的人變多了。所以那些將廣泛專業領域串連起來的人，比如說小鎮醫生這樣的角色，比起內科或外科的專家，也變得越來越重要。

對於連結自己的世界和其他世界的中間世界很感興趣。

鈴木　我的研究曾經畫過一張「自己的世界和其他世界」的示意圖。請不同人畫出自己喜歡且很珍貴的場所，再

聖路加塔（東京中央區）。和露台保持一些距離，不倚靠在欄杆上，駐足遠眺大海般的都市。

用ＫＪ法[*6]統整出「自己的世界」、「其他世界」和「可以窺見其他世界的場所」。自己的世界指的是電視機前、廁所，還有常去的地方。其他世界則是指遊樂園、電子遊戲場等，那些可以享受非日常樂趣的地方。不過，我覺得介於這兩者中間的空間更有趣。超商、書店、屋頂露台，或是遠遠看著小孩遊戲的景象之類，我對這種連結自己世界和其他世界的中間世界很感興趣。

長谷川　這個我有同感。我也會在大學的課堂上跟學生說，雖然相連在一起，但等於要打造一個不同的世界。

我很常用「誘發」這個字，如果一個場所可以誘發某個人的情緒，那個地方的狀況坡度就會開始產生變化。因為自己的世界和其他世界有連續性，心情有了轉換的餘裕就能選擇那個場所。我希望設計一個讓人在相連的世界裡，能好好處在當下的地方。

鈴木　我覺得在時間、空間和社會各方面，去規範和支持「我存在在這裡」的意識是環境設計的基本。談到存在方式，就會涉及設計、行動和社會互動這些思維。

換句話說，我的研究也作了以下結論：「他人的存在方式，

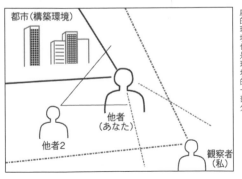

存在狀態模式圖。對觀察者來說，他人所處的環境也是環境的一部分。

是一種幫助我了解環境的資源。你以那樣的姿態處在那個空間，對我來說是有意義的。」現今同理他人情感的鏡像神經元受到關注，的確在日常生活中，即使是不認識的人也會互相學習。因為每個人都處在相互認知的網路當中。

長谷川「他人的存在方式，會變成自己的存在方式。」你的意思是自然而然會變成如此嗎？

山崎「見賢思齊焉，見不賢而內自省也。」或許也算是形容狀況的諺語呢。

在有一定年紀的空間，找到加入新詮釋的樂趣。

鈴木 話說，兩位有聽過「Improv Everywhere[*7]」嗎？是一個以紐約為據點，在公共空間製造混亂又歡樂場景的表演團體。他們會事先把任務告訴夥伴和支持者，大家一起在同一個時間點行動。這是一種讓日常場景突變的機制。舉例來說，兩百個人同時在中央車站靜止不動的「Frozen Grand Central」；把地鐵裡幾乎壞掉的置物櫃、海報和乘客等所有要素當成作品，一一下標題加上說明文字，讓車站搖身一變成為畫廊的「Subway Art Gallery Opening」；還有超市裡突然上演的音樂劇「Spontaneous Musicals」等等。現場當然也有毫不知情、剛好路過的人，一起享受這個都市裡的非日常時刻。看了他們的快閃行動，雖然知道不應該這樣比，但還是忍不住會把它拿來和耗費幾十億預算、十幾年歲月蓋的建築物和都市設計比較成本效益。

山崎　我的目標比較偏向這種活動呢。巴黎街頭也是隨處可見藝術和戲劇表演，等於市民會學著怎麼去使用都市空間。或許有人覺得這種活動是暫時性的，會隨著時間消逝，但是經驗會一直留在每個人的心裡。「原來都市還能這樣利用啊！」經驗值會不斷累積在人們的記憶中。

長谷川　Improv Everywhere可以說讓大家看到了詮釋的機會，感覺到刻意操作詮釋或許還會搖搖頭。這種故意脫離日常的「偶發藝術*8」，或許路上觀察的觀察者是給它強加新的意義，不過到了現代，城市說不定已經變成一個令人想多加詮釋的空間了。我說的不是那種新建的，而是在有一定年紀的空間裡，找到加入新詮釋的樂趣。

鈴木　像山崎先生就是從軟體面去加入詮釋吧。

山崎　假如說到目前為止的社會都是在認真發展硬體，那麼接下來是不是該認真發展詮釋這些硬體資產的軟體了？最近我在思考公共建設的比例，假設有一百億的預算，現狀是九十九億給硬體，剩下的一億再分成幾千萬分配給管理面和軟體使用。但假如反向操作，一億給硬體，九十九億給軟體的話，別人就沒辦法說「只不過是個活動」這種輕視的話，這樣幾乎什麼事都可以做。如果在某個城市持續舉辦一年像Improv Everywhere那樣的活動，一定會比道路拓寬一百公尺、蓋一座公園帶給城市的影響還來得大。

長谷川 我個人希望是50：50的比例。

山崎 我同意。現在是99：1，至少調整成50：50，大家對於「活動」的想法就會改觀。每一天，都市的各個角落都在舉辦刷新我們都市生活的活動，如此一來就不會有人輕易說出「畢竟只是場活動」這種話。正因為都市的硬體基礎建設已完備，我們才應該尋求充實生活的軟體基礎建設財源。啊——難道只有從政才有辦法改變嗎（笑）。

鈴木 山崎先生的理想已經是社會設計的範圍了，下一步就得靠政治。我也會跟學生說，如果父母資源夠多的話，就去搞政治吧（笑）。

*1 也稱居所；另有「屬於自己的地方」之意。

*2 都市再生機構於東京都江東區開發的租賃型集合住宅。六個街區分別由不同建築師設計，studio on site 設計事務所擔任景觀設計。長谷川先生主導規畫社區裡的散步動線。

*3 二〇〇一年於兵庫縣三田市開園，是兵庫縣內最大的都市公園。開園前，山崎和團隊數次向周邊地區的NPO法人徵詢意見，最後建立了由公園的使用團體來營運管理的制度。

*4 由民間設置的小型共同住宅，多提供老人或身心障礙者居住照護。

*5 正式名稱為「Maggie's Cancer Caring Centre」。建築師Charles Jencks繼承罹患乳癌的妻子Maggie Keswick Jencks的遺志，希望給予癌症患者溫柔暖心的支援所開設的癌症支援慈善機構。

＊6　又稱Ａ型圖解法、親和圖法，是一套創新的設計思維手法。

＊7　二〇〇一年於紐約成立的喜劇表演藝術團體。

＊8　Happening Art：在現代美術各領域嘗試的表現運動之一。普普藝術、新寫實主義等行為藝術運動中的一種表現手法。

GUEST

05

馬場正尊

建築師／ Open A 代表

MASATAKA BABA／1968年生於佐賀縣。1994年早稻田大學研究所建築學科修畢。歷經博報堂、早稻田大學博士課程、雜誌《A》總編輯後，於2002年成立Open A，從事建築設計、都市計畫和寫作。經營探索都市空地的網站「東京R不動產」。同時擔任「CET（Central East Tokyo）」企畫總監，將東京東邊的日本橋和神田的閒置大樓改造成藝廊，多角化從事與都市相關的活動。近期著有《都市革新》。

長谷川浩己

馬場先生真的是很有才能的人，跨足的領域之廣，做的每件事都為時代指出方向而且直指核心。我們合作過幾次，他是我默默打從心底尊敬的人。馬場先生的真面目不單純是多才，他的目標應該自始自終只有一個，只是企圖用好幾種不同的手段達成。雖然這不過是我個人的推測，我覺得他想做的，並不是一個具體的目標，而是想建立一個把事物往理想方向推動的機制。關於這件事我也滿想了解，不過對方同時也是一位專業編輯，反倒是被他深入問了不少問題，頓時有種變成俎上肉的感覺。

難道你以為公共空間是政府機關的私有空間嗎？

馬場　今天有一件事很想跟兩位討論。其實我最近在思考，必須要重新認識和建構「公共」的概念。不覺得現在的公共概念已經變質了嗎？我在二〇〇九年「FESTIVAL/TOKYO」，負責設計池袋東京藝術劇場廣場的臨時設施，儘管是公家單位委託，還是有很多限制。我覺得很奇怪，難道你以為公共空間是你政府機關的私有空間嗎？

長谷川　我認為公共空間，只是歸公部門所有，與公開空地（開放的私有地）的不同在於，所有人是政府還是民間的差別而已。明確區分所有權會比較好理解。比如說公開空地如果多一點民間色

勝鬨THE NATURAL SHOE STORE（東京都中央區）將勝鬨地區運河沿岸的巨大倉庫，改造成鞋類製造進口商的展示間與辦公室。（設計：Open A、攝影：阿野太一）

彩，應該可以變身成更有趣的空間吧。我覺得乾脆有人代替大家宣示所有權也是一個方法。

馬場　也就是說，公開空地雖然為企業所有，但是在公家機關的管理下，限縮了原本可以創意活用的可能性嗎？

長谷川　也可以這麼說，有什麼解法嗎？

山崎　應該是需要管理吧？我在想能不能建立一個機制，不要把「所有」和「使用」分開，而是經過幾次使用後就可以擁有某種「所有權」。我經手的兵庫縣有馬富士公園，因為附近居民中有人擁有各式特技，就順勢邀請他在公園裡從事一些能展現自我才藝的活動。當然這是免費的公園活動，一般來到公園的人享受的不是公部門，而是同為居民的人提供的服務，建立一種對所有方和使用方都有利的關係。然後公園的規則由使用方共同制定，這樣子身為管理者的公部門，在管理和維護上就不能違反使用者制定的規則。

長谷川　有馬富士公園的例子，因為周邊有居民，大約可以

東日本橋的辦公室改造Re-Know（東京都中央區）。將老舊的倉庫改裝成店鋪和SOHO族使用的住家。（設計：Open A，攝影：阿野太一）

預估使用者數量。可是在非住宅區的都心都市廣場，使用者是隨機多數人，無法知道來客的背景。當個體的存在感變得稀薄，就很難掌握公共的概念，不知道什麼樣的使用者會去積極利用。

馬場　看不到使用者這個主體。

山崎　假如來成立一個以使用者為主體的團體怎麼樣？我說的不是附近商店街的幹部或大學教授這種職位的人，而是主要由實際在公園活動的使用者組成的協會。使用者和居民組成的協會以公園「所有人」的名目活動，跟沒打過照面的公部門為所有人的現況相比，人們應該可以更安心地在公園活動。

馬場　我自己也有小孩，會因為擔心而不敢讓他們在兒童公園玩耍。我想因為背後是公家機關這種看不到的管理制度，彼此都不知道誰是管理者，誰是使用者。所以現在的公園，已經不是大家能自在使用的地方了。

一直以來認為「公共空間＝政府管理的空間」，說不定是種錯誤。

馬場　另外一件我想做的，是研究可能潛藏新的公共性質的案例。我在做「山形R不動產」企畫的時候，深切感受到地方城市房屋供應過剩的問題。出租時以每坪租金計算的概念只適用於大都市，不適用於山形這種只有二十五萬人口的城市。許多老商場只有一樓出租給商家，二、三樓很多空店面。換句話說，即使是民營商場，如果可以無償出借，那就會搖身一變成為公共空間。私有地提供公眾使用，朝這個方向考慮的時候，就讓人感覺到新的公共空間可能性。

長谷川　聽認識的人說，英國的共有地基本上是類似資產階級的集合住宅裡，那種下車處的空間。居民擁有所有權，也有優先使用的權利。雖然看起來不是完全的封閉，但安全性滿高。有時也有像飛地[*1]那種城市裡的共有地，變成很有存在感的城市景觀。有些則是原本的共有地慢慢向大眾開放，轉變成廣場。

山崎　英國公共空間聽說就是從共有地發展來的。還有一個很常聽到的例子，是英國的公立學校起源自私立學校。最初是一部分的資產家為了讓自己的兒子接受良好的教育，而開辦學校，但是學生人數寥寥可數，缺乏刺激之下沒辦法有良好的教育效果。因此學校的制度便改為只要滿足特定條件，即使不是富裕家庭的孩子也能入學。這就是公立學校的緣起。也就是說，隨著私有領域開放，才誕生出「公共」的概念。

馬場　原來如此。我們一直以來認為「公共空間＝政府管理的空間」，說不定是種錯誤。是說山崎先生為什麼會這麼了解呢？

山崎 因為我現在在寫博士論文（笑）。

從開放私人空間著手最快。

馬場 我也是因為R不動產的工作，不知不覺中對不動產變得很了解。不過也讓我開始從不動產的角度來檢視城市。當我在城市營造的活動裡，有過利用閒置大樓的經驗後，回頭看不動產的現狀，就會有種惋惜和綁手綁腳的無力感。若是可以建立合理的不動產出租系統，並遊說公家單位請他們出借部分物件，再把租金收入拿來整理開放空間的話，這樣的做法應該是可行的。

山崎 紐約的中央公園就是採用受益者負擔的制度，住在離公園越近的人，會需要繳納較多的公園稅。

馬場 以前東京R不動產有做過一個「墓區特輯」企畫，介紹一些旁邊有墓園的物件，評價還不錯，因為視野寬廣又有綠意。公園也是如此。看到這樣的反應，真的感覺到某個族群或者某個世代，對開放空間開始有一些不同於以往的感受。覺得公園是自己庭院的一部分，或者說是風景一部分的人變多了。我很樂意見到這樣的時代轉變。

山崎　另一方面，以後官方無法繼續負責公園的管理和維護，若沒有公開招募新的人接手，公園恐怕會失去它的價值。看是要由市民擔任志工，或者出售部分土地當作商業用途，我覺得都可行。像上野公園和日比谷公園裡的餐廳，都是從明治時代開始營業。聽說他們部分營收是用在公園的維護管理。

馬場　那是不是可以沿用這種方法？若要改變惡化的公共空間，總覺得開放私人空間是最快的。

長谷川　從設計方的立場來思考景觀的話，會建議先從剛才說的公開空地考慮。二〇〇九年開幕的丸之內「BRICK SQUARE」商場就是一個頗為成功的例子。我和馬場先生（Open A）一起設計的「COREDO日本橋」的廣場，就是一個受歡迎的開放式休憩空間。我想其中一個理由應該是因為這樣的空間，散發「邀請」的氛圍。被邀請去誰家作客的感覺，似乎很適合日本的風土。

山崎　我在做公園管理相關的工作時，一開始會舉辦大約十五次左右的工作坊，培養參加者的主體意識。剛開始參加者還是客人的心態，到後來必須自己決定公園的營運方法和分配工作，漸漸形成組織。如果參加者能有「公園的營運我來負責」的心態，就算是成功達到目的。當然他們不是公園的所有人，只是負責制定使用規範，「邀請」別的使用者來訪。這是一個公園使用者團體，逐漸變成公園「所有人」的過程。

該怎麼像設計住宅一樣，去設計公園？

長谷川　這邊稍微把話題轉到硬體。在設計公共空間的時候，會因為使用對象的不同去變更設計嗎？

馬場　理想上，設計公園的時候，會先徹底了解管理和營運的方法才會進行設計。如果營運方很明確，那麼設計一下子就會變得很輕鬆。如果可以了解用途到某種程度，會比較知道設計的方向，也能生出好的設計。像公園分成兒童公園和不同目的的公園是比較好的。比如說，這裡是鍛鍊身體的，那裡是看書用的。

COREDO日本橋（東京都中央區）的開放空地。將原本僅當成通行道路的空地，改造成人群可以聚集的空間。（設計：studio on site設計事務所&Open A，攝影：studio on site設計事務所）

長谷川　我也這麼想。公園其實是一種制度的名稱，跟醫院和圖書館不一樣。公園大可擁有「代表色」，不符合代表色的人可以選擇不去。反之，如果公園沒有代表色，可能沒有人會去。

馬場　日本的公園是一種過於抽象的概念，無法激發人的想像。有線索、理由和目的，會比較容易設計。

長谷川　有對象、有願景，才談得下去。

山崎　的確，以前我設計硬體時，知道對象是誰會比較好設計。如果是住家，可以直接聽到業主的需求就好辦。但是設計公園時，你看不到「業主＝使用者」的需求，所以開會時公園課長提出的意見，時常就會左右設計內容。這讓我感覺不太舒服。在那之後，我開始思考該怎麼像設計住宅一樣去設計公園。然後得出的結論就是，只要公園的營運主體形成，就可以跟這些人討論公園的設計內容。我的工作就是因為這樣才轉往軟體面發展。

長谷川　就是「依據狀況的設定」對吧。即便是住宅，業主的要求也不能全盤接受，需要設定雙方都接受的條件。當設計對象擴大時，就得考慮什麼顏色適合這個場所，以及是否普遍。雖然我的最終目標是打造出一個普遍的空間，將入口設定成原有的體驗和氛圍，再以此發展成合適的型態。但這並不是說偏見，或者說均質又缺乏變化之處就有什麼東西。

馬場　我很明白你說的意思。固守期望條件和機能也不太對。比較接近上色或偏見意思的字，我覺得是建築師原廣司先生說的「樣相（modality）」。雖然還沒完全掌握到它的要點，但一直是我非常在意的概念。像公園這種無法用所謂的機能主義來處理、抽象又充滿形容詞的世界，看來還有追求的空間。

為了設計別無選擇，只能從事不動產業。

馬場　以前長谷川先生受訪時說過：「散步是人類特有的根本性行為。」我也很想設計出引導散步的空間，但實際做過之後發現並不容易。不過我對這種沒有明確功能性的空間很感興趣。我覺得身為設計師的挑戰就在於此，這點無論景觀或建築都一樣。

長谷川　馬場先生身兼設計師和編輯的角色，還投入不動產事業。業務跨足硬體和軟體面。我想問的是職務面，你覺得你做這些工作時是跳轉切換，還是每個工作都銜接在一起？

馬場　算是銜接在一起的。業務就這樣自然而然地延伸開來，有種「那就這樣吧」的感覺（笑）。只是如果沒有接觸到不動產，我對新的公共空間應該不會這麼有興趣。今天談完後我了解到，有明確所有人的私人空間，有可能可以成為公共空間。有些點子也是因為和租金這種現實面密切相關才能催生出來，因為它能強制確立主體。我覺得為了設計別無選擇，只能從事不動產業。我想公園的事用這種資本主義的理由，應該也可以說服公部門吧。

這幾年「整修翻新*2」的概念終於比較普及了。如此一來也有必要重新建構不動產系統。實際上要達成契約書第一行，或第一頁的共識就得花上一番工夫。不過有時候光是這樣就算是很大的進展。從小事情的累積，讓整修的觀念被社會認可和普及後，就能突破公園和公共的概念。整修之後我接著想挑戰的是公共的概念。

*1　指在某個地理區畫境內，有一塊隸屬於他地的區域。

*2　將現有的不動產市場中，價值低落的中古物件，透過設計賦予附加價值，讓建築物重生。

GUEST

06

西村佳哲

工作型態研究家／Living World

YOSHIAKI NISHIMURA／1964年生於東京都。企畫總監。武藏野美術大學畢業。歷經建築設計領域的工作後，目前三種主要工作類型分別為設計、寫作和教學。2002年創立設計公司Living World，企畫及監製各種設計專案，例如網站、博物館展品以及公共空間的媒體製作等。多摩美術大學、京都工藝纖維大學兼任講師。近期著作有《現在，我在地方生活》。

山崎亮

西村先生是一個提問很仔細的人，所以他所寫，關於工作型態的書籍非常有趣。不過這次輪到我們提問了，我拋出了各種問題，一心想從他口中問出些什麼。問到工作型態和工作成果的關聯，他秀了一張淺顯易懂的圖給我們看。工作的產出，會依據個人的技能及知識有所不同，又關係到個人的風格和本質。可以說，工作的產出和個人工作型態、生存之道密不可分。這與長岡先生說的「好的設計」的概念相似。我腦中這麼想著，一邊向他提問。結果不知不覺間好像變成我們的「諮商大會」，西村先生就這樣一一傾聽著我們的煩惱。

景觀設計手法不同，是否與我們的工作型態不同有關？

山崎　我有一個問題想問西村先生，你覺得景觀的「設計手法」和「工作型態」的關係是什麼？長谷川先生和我分別從硬體面和軟體面去影響空間裡的狀況，以結果而言，我們都是在從事景觀設計。目標相同，只是設計景觀的手法不同。這個差別應該與我們工作型態不同有關吧。我想和身為「工作型態專家」的西村先生談談這個假設。

長谷川　西村先生的觀點，我覺得有趣的地方在於他著眼於「工作」這個關鍵字。這提醒了我，自己好像沒有好好想過工作的意義是什麼，給了我一個回到初衷的機會。

西村　我用一張圖來說明我對於「工作」的想法（參考下一頁）。

海洋中座落著一座島嶼。島嶼是由高聳於海平面上的大山，和海平面下看不見的大片山腳組成的。要交出工作成果需要「技術和知識」。可是光靠這個是辦不到的，背後必須要有「想法和價值觀」來支撐——什麼是美的、什麼是重要的。有了這些標準後，才能活用知識和技術。而「想法和價值觀」底下還有一層「風格和本質」，這裡的風格指的是對生活採取的態度。這些全部加起來才是「工作」的全貌，不只有露出海面的部分。比方說巴塞隆納的「聖家堂」，光是知識和技術是無法打造出來的。正因為有某一群人投注時間和生命才有它的說服力。我認為是那裡面的生命厚度打動了人心。

山崎　如果把露出海面的島嶼比喻成完成後的景觀，打造景觀的方法有很多種，有外部設計師進來把城鎮一下子改造成亮麗的樣子；也有居民一邊自主管理城鎮景觀，一邊打造的類型。景觀的維持，需要結合這張圖裡的上下層關係。我想做的就是這裡的整合工作。

長谷川　這就是我隱約感到自卑的部分。覺得沒有透徹掌握自己的風格和本質就投入設計，只依自己方便的方式去解釋設計基礎。最終的設計成果真的有像這張圖一樣上下相連嗎？我很懷疑。

西村　方便……？

長谷川　對，就算自己覺得是從海底一路畫到山峰，但基本上還是以調查到的東西為基礎。雖然想要創作自己的故事並

「無論什麼樣的成果，都一定有成就它的過程和下方構造，人們感受到的是整體。」（節錄自西村佳哲《活用自己的人生》）

賦予它意義，但其中總帶有任意的成分，有時感覺只是為了方便。看了這張圖，讓我意識到這部分是我沒有自信的地方。

西村　講這個東西沒有要檢討個人的意思，長谷川先生真的是很誠實的人呢。

回應很快，所以很有成就感。

長谷川　西村先生就工作型態這個主題，採訪了許多不同背景的人。我想工作模式存在無限多種的變化。拿景觀設計來說，有住宅這種看得見使用者的工作，也有都市更新這種以大眾為對象的工作。尤其後者像是在看著一個隱形的世界。我曾經想過這種模糊不清的狀況中，應該怎麼進行設計。

西村　其實我以前待過某家建設公司，最初的三年負責室內設計，後來的四年參與廣域計畫。從原本1：1的原比例圖，

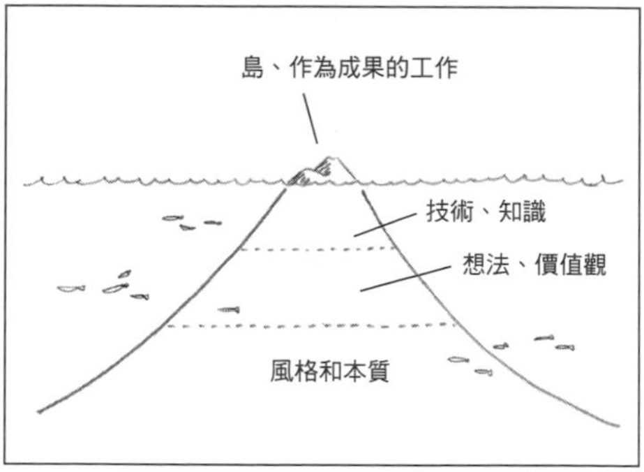

改成看1：25000的設計圖。就算企畫案通過，最快也要十三年後才能看到成品。這個時期我陷入了「動力危機」，我意識到自己的付出沒有獲得足夠的回饋。回想起來那時候嚮往的職業還是壽司師傅呢（笑）。想著有什麼事自己立刻可以做，比如說創立一家專門設計狗屋的「包浩斯」設計公司，看用組裝包還是設計圖，這種可以一下就交貨的應該會做得很開心。滿腦子都在考慮這些事情，生活漸漸失去平衡，最後決定把工作辭了。一年後開始在雜誌《AXIS》寫專欄，採訪不同創作者的工作型態。發現自己有興趣的人物，就直接約見面。寫好文章和照片一起整理好後，三個月後雜誌上架，沒想到馬上收到讀者的回饋，回應很快，讓人很有成就感。這個專欄連載拯救了當時的我。

山崎　設計公園時很難直接聽到使用者的意見。雖然一起工作的公園綠地課長會說「居民們都很高興喔」，但也沒辦法確認真實性。如果變成居民也一起參與公園設計、管理，擬定綜合計畫的工作型態，就可以大幅拉近設計師與使用者的距離。不過有一段時間因為距離過近，反而產生一些問題。但現在我會利用工作坊和世界咖啡館[*1]方式，讓當事者互相交流意見、產出新的價值。用自己的做法推動案子。

西村　聽完長谷川先生的話，我這裡有一些照片想給兩位看。這是我和Living World的夥伴一起設計的「風燈」。當天色變暗，風吹過的時候就會點亮。白天利用小型的太陽能板蓄電，風吹過樹梢時就會出現這片風景。我覺得這也是一種營造景觀和狀況的裝置。當時我們並不太擔心有沒有人喜歡，不知道是因為我們已經透過展覽和客人分享了，還是因為商品馬上就賣完了，或者這本來就是我們私心想做的東西。

長谷川　我想應該以上皆是。做景觀設計這一行滿開心的，對於工作本身沒有不安，只是其中隱含許多曖昧性，雖然這也是它有趣的地方，但是工作的回饋也同樣模糊不清。所以偶爾會想驗證，自己這種想法要讓事情往好的方向發展的想法到底有沒有用。

西村　當我在規畫大範圍的建築計畫時，我認為這基本上是一種填充題。別人事先會先給你幾個條件，聰明一點的人很容易就能答

展示於栃木縣益子的藝廊&咖啡店STARNET的風燈。（照片提供：西村佳哲）

出空格裡的答案。但是我並不想為別人提出的問題填空，我想做的是設計問題，或者創作題目裡使用的文章。

和客戶共享願景很重要。

長谷川　當我做大型重建案子，設計時很多東西都已經被決定好了，這就是填充題。但是即使是填充題也需要大量的調查研究，才算是足夠充分的設計對象。如果看不到回應，或許是因為只把它當作作業看待。可以靠想像成果來撐過去，另外就是盡量參與決策前的階段，回到原點去探詢事情的意義和必要性，我現在就在努力這麼做。

西村　像我聽說設計集團DRAFT的創意總監宮田識先生，大約從三十歲左右開始，決定不再接代理商的案子。他在這之前同樣是承包代理商的設計案，但心裡一直沒辦法接受這種作法，於是決定中止合作。連摩斯漢堡的前任社長親自來拜託，宮田先生也沒有立刻給出答覆，擱置了這件事。後來有一次他們一起去打高爾夫球，看到社長在廁所使用完洗手台，用抹布擦拭飛濺的水滴，宮田先生好奇地詢問原因，社長回說：「這樣下一個使用的人會比較舒服。」

聽說宮田先生就是在這個時候決定接下他們的工作。宮田先生是一個會徹底和合作對象檢討必要性和想法的人，聽說是客戶那邊負責的部長都會感到麻煩的程度。不過那位負責人也說了，因為會做出滿意的成果，所以才要和宮田先生合作。他之後陸續又接了LACOSTE、KIRIN一番搾的工作。能和權限大的人基於信任基礎的合作是很痛快的，可以很快有結論。不過參與開發計畫的人數眾多，就沒有那麼簡單了。

長谷川　我可以理解宮田先生的想法，雖然沒辦法做到像他那樣徹底。我覺得大多取決於客戶。雖然他和我代表的是不同世界，不過某個意義上我們算是同路人。有些工作就是必須透過他才能實現，所以共享願景非常重要。像我很常向客戶提出意見，之後還願意找我合作的人應該就是不嫌我煩吧。

西村　除非想把設計師當成符號使用，不然通常會再次合作吧。

長谷川　簡而言之，即使設計時看不到使用者的面貌，但客戶姑且是最接近的人。如果能跟他們建立良好關係，一起交流想法、思考價值觀的話是最好的了。

山崎　我的工作則是努力建立起與使用者的關係。如果是政府委託的工作，雖然有城鎮營造的部署、教育委員會、公園綠地課這樣明確的發包方，但我還是希望能和真正的客戶——使用者一起推動案子。如果發包方可以明白這種做法的話，下次就會再找我合作。所以不會透過發包方去了解使用者的感想，在這個層面上我和長谷川先生的立場就不同了。

長谷川　客戶和發包方的差別，或許就看案子是公共還是民間性質。如此重建案的客戶是不是就是使用者，而直接使用者還沒出現？客戶的預算基於某種理由集中在某部分，並且想要把它做有效的運用。首先想到的是追求利潤吧；但是當公共的概念被導入時，就會浮現不同層次上應該追求的願景。我們的任務就是如何有效運用這筆預算，為客戶和未知的使用者兩方做出貢獻。

山崎　也有「發包方＝客戶」的情況。我認為公共空間相關的工作中，使用者才是真正的客戶，而發包者是負責居中協調的人。如果想從實際意義的客戶那裡得到回應，那直接詢問使用者最快。

西村先生在全國各地指導工作坊式的論壇。（照片提供：西村佳哲）

工作要有成效，會需要與追求效率截然不同的工作型態。

長谷川　大面積重建案的分工，或者說立場的分工是最難的。很難看出誰是為了什麼目的行動的全貌。

西村　意外的是我們雖然有分工的知識，但卻沒有合作的知識，這就是日本的課題吧。因為以前的社會有自治會那樣的合作體系，但戰後的社會運作變得跟工廠一樣。

山崎　和居民們接觸後的心得是，不能用分工的角度，而是要用整體生活的眼光去考慮每一個人。如果可以順利組合每個人的整體生活感，就能形成很大的力量。與居民一起制定綜合計畫時，重視居民看待整體生活的觀點，先依據居民的生活感來規畫內容，再依據公家單位的層級分配工作。

西村　山崎先生的工作是合作性質居多，想必吃了很多苦頭吧，因為這是追求效率的前一個階段。分工的工作講求效率，合作的工作則是重視有效的互動。

山崎　沒錯。工作要有成效，會需要跟追求效率不一樣的工作型態。

我的公司有十位員工，每位都是獨立工作者。自己接工作，然後從內部和外部組成團隊。

由專案負責人管理預算，如果收支管理恰當，剩餘的預算就算那個人的利潤，等於你做越多案子年收就越高。

比如說，我們有很多案子是要花好幾天的時間在村落駐點，跟當地人協調和討論。如果每次都住飯店、搭計程車的話，很多案子都會變赤字。所以你能多快和當地人熟到可以借住對方家裡，或者搭夜間巴士節省交通費等等的方法就顯得很重要。「只要節省經費，留在手上的錢就會變多。」要讓大家有這樣的動力。這麼一來，我的員工就可以連續兩個禮拜都待在村落裡，讓居民們諮詢。最近覺得這種獨特的工作型態，對於需要改變居民意識的社區營造工作能起到某種效果。

西村　原來如此。可以說有起到作用，也可以說是動用「關係」而不是動用金錢。假設現在某人幫我按摩肩膀，如果我付他錢，那我們的關係就到此為止。假設什麼都不做，那我接下來都會一直想著我要用什麼東西回報他。如果彼此的關係維持在尚未結算的狀態，雖然有點麻煩，但也是某種「富足」。不透過金錢比較容易建立和維持關係，這樣很不錯呢。那長谷川先生的公司有幾名員工呢？

長谷川　我們公司有十二到十三個人，每個專案都有團隊編制。不追求極端的效率化，也很重視每個案子由同樣的團隊從頭負責到底。如果是大公司的話，分工應該會比較細，不過我們目前這樣子很剛好。專案成員最少兩人，最多四人。依據案子的需要，有時會跟外部專家合作。我們公司的員工都是設計專業，說不定像山崎先生他們那樣，擁有各種不同特技和經歷的人才會比較好呢。

山崎　studio-L會有現在的工作模式，是來自我以前在設計公司時，對工作方式產生的疑問。工作經驗一旦累積到某個程度，就能自己接案，效率也會提升。可是當時增加的只有工作，薪水卻沒什麼變動。或者案子變少時，公司要求你節省經費也只能跟社長抱怨，因為員工不是獨立的個體。那時候就想，如果自己成立公司的話，就要建立一個順利完成工作，手上的錢就會變多的制度，所以才採取自主管理經費的方式。就這樣一邊嘗試、改善，演變成現在這樣的模式。到最後發現這種模式很適合應用在村落相關的工作上。

西村　像東京R不動產和「澀谷大學*2」成立的組織，他們對工作型態的嘗試很讓人眼睛為之一亮呢。這種組織再造，絕不是概念性的，而是反覆實驗得出來的結果。走出和以往不同的道路，我想這種發展是必然的。

*1 以咖啡桌形式分組，一種匯集多元觀點的集體討論模式。

*2 始於二〇〇六年九月，以東京澀谷為據點，舉辦讓一般民眾參加的公開講座計畫。

山崎

對談 2

長谷川

現場訪問

輕井澤・星野渡假村

長谷川以studio on site設計事務所的名義，參與星野渡假村在輕井澤的開發事業已有十多年。「Hotel Bleston Court」(1999, 2002, 2004, 2008年)、「虹夕諾雅」(2005年)、「榆樹街小鎮」(2009年)等等，花時間慢慢設計景觀是這個專案的特色。

山崎亮

這次來拜訪長谷川先生設計的星野渡假村。身為景觀設計師，能搭配設計者的講解，仔細感受空間，本來就是一件無比幸福的事。同時我也發現即使自己現在從事社區設計，也仍然在用景觀設計的思維工作。和長谷川先生談到兩種設計方法論之間的共通點時，明白了兩者都必須自問「我是在為誰設計」這個問題。我也再次確定了即使我們一個是「創造者」，一個是「非創造者」，想要營造的景色和狀況幾乎沒有分別。原來如此，難怪這些對談過程如此令人享受。

發現了幾個和城鎮營造間的共通點。

山崎　長谷川先生的工作至今都是都市裡的廣場居多。到星野渡假村參觀後，我對你的工作有一些改觀。這個案子對長谷川先生的業務來說，或許是比較特殊的例子，但和我的工作相較之下，我發現了幾個共通點。

首先是設計社交場所這件事。以往的輕井澤是一個讓平時生活在東京的家庭，在暑假齊聚一堂的地方。在每年夏天團聚，一起玩樂，甚至還會在這兒舉辦棒球比賽。換句話說。輕井澤是一個有別於東京的第二或第三處的社交場所。因為人同時歸屬於不同社群，需要為不同角色的自己營造出相應的狀

住宿設施虹夕諾雅內的大片梯田造景。（照片提供：吉田誠）

況。同時也為人們提供精神上的避風港。而長谷川先生實際設計的就是一個社交的空間。

第二點，企圖設計出無法控制的東西。盡可能利用當地的自然環境來設計空間，就和活用當地人的技能來進行城鎮營造的工作類似。不管是樹木還是人，都很難控制他如何發展。這種費心協調的設計，也與我的工作有雷同之處。

最後就是擁有外部眼光。我們剛才走的散步步道，據說是設計星野渡假村時最先定案的設施。我聽說是長谷川先生看出被客戶視為雜樹林的地方有其價值，因此提議把它設計成散步步道。也就是說，以長谷川先生的外部眼光發現了空間的價值。我們經常使用的手法，不是去「介入」空間，而是邀請

輕井澤Hotel Bleston Court的森林也可作為婚禮的舞台。花費不少時間慢慢翻新的區域之一。

外部人士到當地，與內部的人透過對話突顯此處的魅力。

這三點是和我們從事的城鎮營造很像的部分。

長谷川 經你這麼一說真的是很像呢。第三點的「介入」指的是「涉入」吧。我覺得這又分成，為了創造價值的積極涉入，和特意什麼都不做的涉入。或許設計師的產出就在於掌握這兩者的平衡。

山崎 我認為在一個地區發現到的價值，長谷川先生會去衡量哪裡需要加以琢磨，哪裡不需更動。為了突顯自己發掘的空間價值，安排散步步道這種最小限度的設計，讓更多的人感受到空間的魅力。這樣的過程重複幾遍後，就會慢慢累積業主的信任，進而獲得更多工作機會。

長谷川 散步步道的設計，存在一種只要不做什麼，就會突然出現原本不存在的東西、不存在的世界這樣的趣味。把零變成正數，某種意義上來說風險比較小而且會比較有信心。但為了配合環境條件規畫適當規模的時候，就會牽涉到要相信我說的「這樣做不行，但這樣可以」的信任層面。當對象變成人的時候也是一樣。

山崎 城鎮營造也是，如果幾乎沒有活動的狀態是零，那培養出新的負責人就會變成正數。只是要成立什麼樣的活動團體一樣也是信任的層面了。

星野園區的散步步道。
穿越森林找到的步道路線。

花費時間增加面積價值，是前途未卜的二十一世紀中的一種事業模式。

山崎　還有一點和我的工作很像的，是關於空間的運用方法和利潤。舉我參與設計的鹿兒島「丸屋花園[*1]」的例子來說，每層樓的櫃位不全部補滿，而是特意設計「空白（花園）」，把這些空白當作群體的活動場所，建立一個消費者以外的人也能造訪的機制。這跟剛才參觀的榆樹街小鎮降低建築容積率的做法類似。不要老想著要充分利用容積率來增加價值、產生利潤。而是特意用減法來維持空間與量的平衡，將價值最大化。反之，我們看到有很多例子，都是因為容積率得來不易，所以有多少就要用多少的思維，反而會降低整體空間的價值。

長谷川　雖然以我的立場無法做出經營判斷，不過我認為渡假村展現出空間的魅力吸引觀光客前來，再利用觀光收益維持空間的品質，這樣的金錢循環才會讓利潤最大化。容積率是用樓層地板面積來計算可以賺多少，這樣很容易會看不到其他要素。像這裡的話因為面積大，考慮星野渡假村整體形象的時候，光用這一區來考慮容積率的問題也沒有意義。應該把心思放在整個渡假村，提升輕井澤的形象，讓更多人願意來訪，或許最終也會回饋到企業。換句話說，降低容積率也是為了提升輕井澤的整體魅力。如果認為長期下來能獲利的話，這也是一種想法。當然作為一家公司必須先精算過。

山崎　如果是面積小的事業，可能有必要先規畫到容積率的上限，用幾年的時間獲取最大利益；而大面積的事業，則可利用它的寬敞和當地的資源，思考如何長期獲益。利用很長一段時間來增加面積的價值，這樣的計畫在人口減少和經濟成長停滯、前途未卜的二十一世紀看來，可以說是商業計畫的一種模式吧。哪邊需要人工去整頓，哪邊不需加工。這個判斷不只是經營者的事，也跟我們也有關。觀光兩字由「觀賞」和「光」組成。以景觀設計來說，什麼東西該被當作「值得觀賞的光」突顯出來？為了達到這個目的又需要哪種最低限度的整頓？思考這兩個問題很重要。如果施加太多設計，破壞了有潛力成

長谷川在星野渡假村的工作，是負責找出隱藏在廣大用地裡的潛力，並藉著景觀設計突顯它。

為「值得觀賞的光」的自然資源就是本末倒置了。再說，如果這些「光」無法連貫的話，就無法成為吸引旅客的「觀光」地。

長谷川　沒錯。這邊我的確有特別留意每個場所的連貫性做設計。跟其他案子比起來可能算是比較特殊。大部分的工作都是一次性的，設計完就結束，也不會再見到客戶。要持續參與下去非常困難。即使如此，景觀設計的本質實際上跟「連貫」還是有很大的關係。

山崎　我覺得星野渡假村和長谷川先生的合作，是景觀設計的理想模式。如果要慢慢打造出客人會喜愛的場所，可以先打造出一個小空間，接著視其結果稍微修正方向再打造下一個空間。等於是一邊累積場所的經驗，一邊設計。觀察人的行動和植物的生長，一點一點將空間的價值最大化。我認為這樣的設計，是接近景觀設計本質的手法之一。

做一件沒有經驗的事情時，除了設計師還必須有顧問的角色。

山崎　榆樹街小鎮的設計保留了大棵榆樹。這些樹需要用承租商家繳的管理費來維護，不只是業主，也需要商家同意才行。你是怎麼獲得商家首肯的？

長谷川　我們沒有直接和商家交涉，不過有和星野渡假村負責協調的招商負責人說明。「這裡有這麼多巨大的樹木，而且絕對沒有其他地方像這裡離國道這麼近。來輕井澤的人們期待看到的就這是這個風景，一定整年都能培養出主顧客。」我把我認為的魅力向他說明。雖然成功讓大家認同了星野渡假村的形象，不過要實際把它的價值換算成每坪價格來說服商家，應該吃了不少苦頭。因為最後必須讓他們相信那個寬敞的廣場會貢獻利潤。

山崎　丸屋花園也是一樣。必須讓每個商家接受，用他們繳的管理費來支持花園裡五十個團體的活動。除了百貨公司必須做的行銷廣告和活動之外，也好好向他們說明培育社群、支援和宣傳活動對商家來說的意義何在。這些社群的活動，可以為百貨帶來以往行銷活動沒辦法觸及的新客群。請百貨的招商負責人去讓商家理解，社群免費（或者支付場地費用）在這裡活動，是為了招攬那些不會踏入百貨店的客群。不過要做一件沒有做過的事情大家都會很不安。所以針對社群進駐商業設施的好處我們都有再三說明。因

榆樹街小鎮。保存高達二十公尺以上的榆樹林，設計出和商業設施共存的空間。即使不買東西也可以舒服待上一整天。

為我認為這是從事社區工作的人一個很重要的角色。除了說明居民參與的重要性，也得思考整個事業計畫中，居民參與的成本效益。

長谷川　不管是哪種工作，我都會想要參與過程。星野渡假村的案子當初在進行的時候，我們得以從早期的階段就開始參與。但老實說，我們很少有機會可以像山崎先生那樣提案。倒是很常提出「這樣做如何」的建議，雖然聽起來有點不負責任。不過我覺得首先要有一個可以共享願景的團隊。星野的工作就有一種和客戶是同一陣線的感覺，那個過程是很享受的。

山崎　團隊合作很重要呢。尤其是要做一件沒有經驗的事情時，除了設計師還必須有顧問的角色。顧問負責蒐集類似事業的成功案例，加以分析、拆解要素再組合成新的事業計畫案。就算沒有同類型的成功案例，也可以結合各個案例的要素，當作新事業的成功依據，讓客戶安心。順利讓客戶安心後，就差無論如何都要讓案子成功的決心了。

長谷川　這算是一種知識嗎？重點就是說服力吧。即使免除事業計畫的設計競賽，不實際做也不知道。不管有沒有數字佐證，重點是要看那個人的發言、設計圖或是模型有沒有說服力。

後來覺得無論是民間還是公部門的案子，使用者都等同客戶。

長谷川　其實之前和西村佳哲先生的討論，我還有一些想要補充。我覺得我們兩個對於客戶的想像有一些出入。對我來說，一般說的客戶就是指出資者。以渡假村的案子來說，希望可以滿足客戶的需求，同時將成品導向能夠說服自己的方向。而山崎先生你認為的「客戶＝使用者」，這邊可以再說得更詳細一點嗎？

山崎　那時候是為了做出區別特意這麼說的。如果以「客戶＝出資者」為前提來講的話，大致會分成公共和民間，兩種類型的案子會有所差別。

比如說設計公園時，本來的客戶應該是居民，而非公園綠地課的課長。因為繳稅金整頓公園的是居民，公部門只是擔任窗口的角色。所以不聽居民這個客戶的意見就進行設計這件事是很奇怪的。那為了聽取多一點居民的意見，我們先舉辦工作坊，根據蒐集到的意見來進行設計，並推測那些沒有發表到意見的人的需求，去決定整個空間的設計。同時，也不要只把這些發表意見的人們當成諮詢對象，而是努力組織具備自主性的居民團體，在公園完工後負責管理。

如果是民間的案子，拿丸屋花園來說，身為企業主的丸屋總公司既是出資者，也是發包窗口，那麼丸屋總公司當然就是客戶。但是我在政府的工作中養成了要滿足使用者的習慣，因為如果沒有讓使用者滿意，沒辦法培養出主顧客，這樣丸屋也不會滿意。所以必須好好傾聽使用者的意見，把它回饋到事業計畫裡。這樣一想，以往區分民間的客戶＝發包者，公部門的客戶＝使用者的這種思維，在參與丸屋花園的案子後改變了。無論是民間還是公部門的案子，使用者都是客戶。

長谷川　渡假村的使用者是訪客，你沒辦法面對面問出這些潛在用戶的意見來進行設計。可是我們設計時會考慮到，怎麼樣可以讓來訪的人們喜歡上那個場所。客戶也和我們站在同一個立場，去探索潛在客群的想法。

山崎　這跟導入居民參與前的公園設計是差不多的形式。在聽取居民的意見前，我們設計師和公園綠地課都會以符合居民最佳利益的高標準去設計。開始徵詢使用者（居民）的意見後，會聽到設計師和公園綠地課都沒想到的想法。而被徵詢意見的使用方，也會開始積極參與計畫。

那麼我們把這個流程套用在渡假村看看。比方說邀請

在鹿兒島市中心開幕的丸屋花園。

一百位喜歡渡假村的核心客群、鳥類和昆蟲專家，以及健行專家等，大家一起遊覽並提出意見。接著用KJ法統整意見，把關鍵字提取出來，就可以看出未來可能會成為使用者的這一百個人的需求是什麼，再根據這些意見去規畫，這樣的做法你覺得怎麼樣？只是只有這麼做的話就會變成專為這一百人客製的場所，所以設計時必須注意要讓其他人也覺得舒適才行。或許設計師的公民意識，就是為了「讓其他人也覺得舒適」這個目的派上用場。

長谷川　這也可以說是行銷的一種吧。面對未知的使用者，傳達我們要打造這種東西的印象，說不定就能匯集情報和支持者。想要集結人群，「參與」應該是重要的關鍵字吧。

山崎　我認為是。這裡的重點是，召集人們的事業計畫是否具備公益性和公共性。如果希望居民和使用者參與，即使是星野渡假村的事業，也需要加入像國民信託這樣的公共元素。若要活用那塊土地上珍貴的環境資源，來打造具高度公共性

丸屋花園開幕前，為市內、外地團體舉辦的工作坊（右）。被稱為「花園」的開放空間，每週都有各式社群在此活動（左）。

的渡假村，我相信可以吸引到重視這部分的那群人。讓他們可以邊參與邊實現想要做的事情。不這麼做的話，就會招來「為什麼公民要幫忙企業賺錢」這樣的批評。

長谷川　原來如此……只是渡假村這個地方，如果過度參與，可能就會離最重要的「旅人」角色越來越遠了……

真想要實際做一個專案而不只是用講的，這樣很多事情才更有說服力。討論到這邊，我覺得「客戶」指的是那些自主參與某件事，即使承擔一些風險，也想透過我們的參與，去實現某些事情的人們吧。這樣說的話，山崎先生的工作就是在創造客戶呢。

山崎　確實，塑造出理想的客戶可能就是我想做的。不是一味要求和陳情、不用負責，而是深刻了解權利和義務的自主型客戶。我很期待長谷川先生聽了這種客戶的意見，會完成什麼樣的設計。

＊1　鹿兒島市市內老字號的百貨結束營業後，原本的建築全面改裝，於二〇一〇年四月以「團結」的概念重新開幕的百貨公司。邀請同為百貨客人的市內外NPO組織，在百貨內的自由空間（花園）舉辦活動，為民營性質的百貨公司注入公共色彩。

GUEST

07

芹澤高志

藝術總監／P3 art and environment 代表

TAKASHI SERIZAWA/1951年生於東京都。神戶大學理學部數學科、橫濱國立大學工學部建築學科畢業後，進入生態規畫顧問公司Regional Planning Team，跟隨磯邊行久研究生態學式的土地利用計畫。而後參與的東京四谷禪寺東長寺的新伽藍建設計畫，成為1989年成立P3 art and environment的契機。2009年擔任在大分縣別府市舉辦的當代藝術展「混浴溫泉世界」總監。

長谷川浩己

我從很久以前就是芹澤先生的粉絲。最早有去拜訪過他主導的藝術機構P3，拜讀他的著作和譯作收穫良多，特別是我對art and environment這個字非常有共鳴。我記得那是「環境」這個字開始普及的時候，芹澤先生讓我知道，環境不是存在於外部的對象，而是看清楚自己的角色，去看到包含自己在內的廣大世界才有辦法想像。他時常分享對事物的見解，總覺得對想要參與世界未來的我們來說，能夠和芹澤先生見面是非常珍貴的機會。

我的人生就是由各種意外般的事件串聯而成。

長谷川　當我還是學生的時候，曾經對景觀設計感到很迷惘。簡而言之我質疑的是，風景已經在那了我們還需要做什麼？就在那個時候我認識了芹澤先生的「P3 art and environment」，從此對這種透過專案營造狀況的工作心生嚮往。今天很想聽聽芹澤先生對於「狀況」的見解。

芹澤　可能有些事情記得不是那麼清楚了。我的人生大致分成前後兩個階段。前半段做的是生態規畫，後半段則投入藝術計畫。兩者之間的轉捩點是我參與東京四谷的禪寺——

在東長寺舉辦的第一個展覽：「SYNERGETIC CIRCUS R. Buckminster Fuller's Sea of Intuition」（1988）。（照片提供：荻原美寬）

東長寺的新伽藍建設計畫。

大學畢業後，我進入磯邊行久率領的、日本第一間生態規畫公司「Regional Planning Team」工作，業務內容包含地區規畫和環境規畫。大約在一九八五年的時候離開，成為獨立工作者後，就碰到東長寺四百週年紀念計畫的邀約。當時社會進入泡沫經濟期，寺院與檀家（信徒）間的關係逐漸轉淡。因此客戶希望我能幫忙構思，都市的寺院在新時代中能發揮什麼樣的機能，依據這個概念來設計伽藍。於是我就和幾個同年代的夥伴，還有住持一起成立週年紀念計畫的事務局，有一半的成員都是寺院的人。經研究後，我們提出將伽藍的地下空間作為替代空間（alternative space）使用。我們看到像紐約的傑德森紀念教堂那樣，釋出閒置的地下倉庫後，年輕舞者進駐開啟後現代舞蹈運動。希望仿照這樣的前例，在禪寺裡設置一個對現代文化開放的場域。在會議中提出後就講到：「好吧，那誰要負責執行？」結果大家都看向我……「我嗎?!」這樣的感覺（笑）。

在那之前做過的地區規畫和都市規畫的工作，一般都是對客戶簡報，提案通過後就結案緊接著做下一個案子。這種模式已經根深蒂固，所以不太會想說要自己執行。不過一想到能使用自己經手設計、具有公共性的場所，覺得滿有趣的，所以就接下這個任務。從此開啟了被捲入現代美術的後半段人生。嘴上雖然這麼說其實我並不討厭藝術啦。

長谷川　與其說因為想做藝術才設計了這個場所，不如說因為有了這個場所，藝術才慢慢進駐吧。

芹澤　我是一九五一年生，在我看來六〇年代後半，沒有像現在這樣有那麼多樣化的空間，要跟朋友聚會頂多就是在咖啡館。那時候店內是包廂式的座位，各種人都有。有的在進行哲學討論，有的在討論電影和音樂。因為包廂座椅的椅背沒那麼高，所以只要往後瞄一下，問一句「你們剛才講的是什麼？」就有機會認識到新世界。意思是只要人聚在一起，就會有意想不到的際遇，我把它稱為「天使的微笑」。像我的人生就是由各種意外般的事件串聯而成。

雖說要辦展覽，但我沒有任何人脈，也只知道巴克明斯特・富勒[*1]，所以就決定開幕來做富勒工作坊形式的展覽。後來很幸運地，接連見到了英果・古騰（Ingo Günther）和蔡國強幾位藝術家，有機會和他們一起做了幾個案子、辦展覽。

我完全不熟悉專業藝術的工作方法，唯一會的是以前做過的都市、地區開發的專案流程。現在藝術計畫已經很普及了，但是在當時幾乎沒有這種說法。我們邀請各領域的專家加入，組成專案團隊，成果完成後就解散。募資、製作作品、把成品公共化，這就是P3的做法。

長谷川　原來專案型的藝術計畫在當時很稀有呀。那P3的「art and environment」文句是一開始就有的嗎？

芹澤 不是，一開始叫做「P3 Alternative Museum 東京」。只是一九九三年和蔡國強在中國做戈壁沙漠企畫「萬里長城延長一萬米」計畫時，我心裡產生了某種矛盾的心情。雖然擁有一個空間是好的，但我不想被場所限制。藝術家像遊牧民族般地遷徙到各地方和我們一起活動，那我們也應該像遊牧民族般，帶著P3到各處活動才對。什麼樣的型態可以讓我們的行動更靈活？為了宣示我對這個思考的關心，便拋棄了硬體式的自我規範，把名稱改成P3 art and environment。

長谷川 一直以來看著P3活動的感想是，你們可以說是用藝術的手段來提示這個廣大的世界。也就是說，替某個景觀加上一些設定，揭露那些先前未被注意到的東西。景觀設計

蔡國強「萬里長城延長一萬米」計畫。（照片提供：森山正信）「分不出是天空還是大地，高原沙漠的風景只有綿延無盡的灰色，太難用言語形容。」芹澤先生說道。

也不是單純設計實體，而是為了這個前提去設計，這樣想的話其實可以做很多事情。芹澤先生這種採取專案式的行動，成為我當時思考設計時的靈感。雖然那時人還在美國，但我認為這也是我開始以自己的方式思考所謂「狀況」的契機。

營造一個「容易發生偶然的狀況」。

山崎　剛才芹澤先生說到年輕時去咖啡館，偶然對鄰座的人講的話題有興趣就出聲搭話，因此認識到一個新世界的故事很有趣呢。我覺得芹澤先生現在是否就是，試圖在為他人提供一個「容易發生偶然的狀況」？比如說不限於一個，而是在城市裡設置好幾個藝術作品，讓不同藝術家粉絲也能對其他藝術家產生興趣，或者粉絲之間互相交流、建立友誼。像這樣去營造一個「容易發生偶然的狀況」。

芹澤　原來如此。這種意見我還是第一次聽到。經你這麼一說好像是這樣沒錯……不過我會開始做藝術計畫的動機，與其說是要串起偶然，其實是想讓大家看到「風景」。

從一九八九年開始的十年，我都在東長寺活動，那之後的十年則是景觀的案子比較多。像是在帶廣賽馬場舉辦的十勝國際當代美術展「Demeter」，和橫濱保稅地區舉辦的「橫濱三年展（Yokohama Triennale）」等等，都是基於對場所興趣參與的藝術計畫。

場所和藝術就像「布料」和「圖案」的關係。無論什麼質地的布料，每天穿一定會變得無感。但是加上當代美術這個令人耳目一新的圖案後，原本看不見的東西就會浮現。「藝術存在的意義是，為了讓風景被看見。」雖然這麼說很對不起藝術家，不過場所和藝術的確有著很強烈的相互關係。一般我們按照機能來區分空間，為美術打造美術館、為音樂打造演奏廳，當然還有為藝術打造的獨立空間，但是人生能夠這樣畫分嗎？至少藝術是跟整個人生有關的東西。作品的價值不

在只有冬季會使用的賽馬場舉辦國際當代美術展「Demeter」。展示於帶廣賽馬場廄舍區的川俣正《缺席的賽馬場》。（照片提供：：荻原美寬）

是永遠不變的純粹，而是會視情況變動。有時候會讓人想大哭般地感動，有時候就算毫無感覺也無妨。藝術不該被安放在展示空間裡削弱力量，風景和藝術表現應該是一組的，這創造出所有的場景。

對我來說，這十年的動機都是為了吸引人們來到某個地方。因此請來藝術家幫忙解讀地方的潛力，並將作品擺放在各個地方，讓人們在尋訪作品的過程中沉醉在風景裡。我想營造的就是這樣的狀況。除了你剛才說的人跟人之間偶然的相遇之外，或許我想創造的，還有人和場所的偶然相遇。

二〇〇九年在別府溫泉舉辦的現代藝術節「混浴溫泉世界」[*2]。別府是傳統的外湯（公共浴場）文化，鎮上隨處可見小型錢湯（付費澡堂），路上還會有幾乎半裸狀態的老婆婆走來走去，是一個公眾與私人空間界線模糊的城鎮，充滿許多不可思議的景觀。比如說，有位錢湯老闆自己手作園林設計式的盆景，非常有趣。原本我打算把它當成一件藝術作品呈現，但是將居民一個普通行為做出來的東西，擺放在藝術的脈絡未免太惡劣，於是就把它安排在散步路線

別府溫泉・鐵輪。（照片提供：草本利枝）別府是一個漂浮在溫泉上的小鎮，它整個狀態與其中的露天風呂重疊，藝術節名稱便取作「混浴溫泉世界」。

旁，當旅客迷路的時候就會遇到。為了尊重當事人才採取這樣的作法。

山崎　在我參與社區營造的兵庫縣家島，一開始我們覺得有趣的東西，島上的人們也無法理解。比如說他們會在在戶外鋪地毯、把沒有防水的時鐘掛在戶外、將沒有使用的冰箱拿到戶外當農用工具的保管箱用等等。我們覺得整個島的氛圍就和它的名字一樣，公共和私人混在一起，小島變成像家裡一樣的場所。

芹澤　這些都不是藝術家進駐創作的吧？

山崎　這些對島上居民來說都是理所當然的日常。對我們這樣的外來者來說非常有趣，但居民完全不認為這是家島的賣點。所以我們就把全國各地的學生帶到島上，請他們拍

展示於別府・波止場神社神樂舞台的作品——Sarkis《水中的色彩》。整齊排列的白色器皿裡，裝有融於水的黃色顏料。（照片提供：NPO法人BEPPU PROJECT）

下自己認為有趣的東西和風景蒐集成冊，這就是發現島嶼計畫。這個活動舉辦了五年後，居民好像終於明白我們為什麼覺得有趣了。身為從事社區營造的人，只要能理解外部視角，就知道該把什麼樣的資訊向外部宣傳。

從生命演化的角度來思考，現在身處在演化第一線的我們，不會知道自己要往哪兒去。

芹澤　聽了長谷川先生和山崎先生的分享，讓我想到以前在做地區計畫的工作時，心裡對「計畫」這兩個字一直很過不去。先訂下一個T小時後的目標值，接著就往這個目標直線前進，全力實現。我對這種做法一直抱持著疑問。如果是像阿波羅計畫那樣龐大規模的計畫，為了達成人類登陸月球這個目標，去解決好幾百萬個項目的問題就可以採取這種作法。可是這能應用到所有的事情上嗎？所謂的計畫就是思考未來，但我們真的能夠看清未來的全貌嗎？能夠在一開始就設立目標，然後朝那裡全速衝刺嗎？舉蓋水壩的例子來說，公布計畫時還沒有現實感，但隨著施工的進行，漸漸地河川被汙染、景觀變調後就會引起抗議的聲浪。然而一旦開始執行，計畫只能往前無法回頭。這不是很不合理嗎？當我這麼苦惱的時候，遇見了天文物理學家埃里希・詹茨（Erich Jantsch）的《自組織的宇宙觀》這本書，我非常有共鳴。他說：「世界、甚至是宇宙，無時無刻都處在一個生生不息的過程。」是呀，生命自有他運行的方式啊！

長谷川　那種鬱悶的心情我很感同身受。不過即使很煩惱我還是會選擇參與。藝術家的創作雖然很快，但我們工作的規模越大，甚至就越需要規畫到四、五年後，所以我才會對山崎先生和芹澤先生的工作這麼感興趣。我不知道自己現在參與的計畫能走多遠，我都會提醒自己，不要做過頭、不要孤立它。不要認為是自己的作品自成一格，要和既有的景觀形成共生關係。或者假設時間中的形體有很多不同的可能性，有作為成果的形體，也有作為工具的形體，或者還有其他。畢竟世界就是以形體的樣貌顯現。

芹澤　從生命演化的角度來思考，現在身處在演化第一線的我們，是不會知道自己要往哪兒去，我覺得這才是「狀況」的真諦。只要活著，就會遇到很多沒有經驗過的事情。為了不要隨之起伏，拚了命地保持平衡。但是越想要壓下全部的波動越容易僵化。鯨魚和海豚這些海洋哺乳類動物，都是經由胚胎發育後才能在海洋中生存。即使想回到像以前那樣用鰓呼吸也無法變更這種設計。我們只能在已經建設出來的硬體上，把東西加上去讓它變得合理。有些事情是現在看不出來的，演化是隔了一段時間回頭看才會明白的東西。那麼所謂的「計畫」，是先設定好一個理想世界，在時間軸上往前推算來決定事情。但是每個時期明明有各自的可能性，卻要在剛開始就限制思考和想像力，這樣畫地自限真的好嗎？

我也很喜歡長谷川先生參與設計的大規模人造物。雖然必須經過縝密的規畫無法當下一決勝負，不過規畫者的立場，還有狀況的應對，都會大大影響最後的成果吧。

長谷川　大家某種程度上都是以制定計畫的方式在生存，不過芹澤先生和山崎先生制定的方式比較像是，設定一個沒有限制答案的開放式問題。像我設計硬體就沒辦法是全然的開放式問題。但希望在硬體本身加入可變性和多餘性，不想要單一目標。我目前的興趣，是計畫能夠觸發某些事情的東西，而不是理想的東西，然後讓它能夠在硬體中完成。

山崎　我的工作方式很常被說跟傳統的計畫論調不同，經常有人問我：「難道你對於未來沒有一個理想的樣子嗎？」基本上每一次我心裡都會描繪一個目標，然後隨著工作進行到不同階段，到了新的場所遇到新的人，接收到一些刺激後，就會看到一些和最初設定的目標不同的東西，所以會不時地重新調整工作的腳本。

長谷川　把問題轉化成新設計，這也是我平常在經歷的事。有時候意外反而能催生出更好的狀況。我常常跟公司的同仁講，發生問題的時候，要想想怎麼樣能夠「化險為夷，因禍得福」，這也是設計師的才能之一。我會做某個程度的假設，但心裡會暗自期待發生一些意想不到的事情。

芹澤 「化險為夷，因禍得福」可以說是我的座右銘呢。聽完長谷川先生說的，的確，硬體的設計分成了可以回頭和無法回頭的階段。這種類似臨界值的東西很有趣，只要知道怎麼判斷，到哪條線前都可以盡情發揮，哪個階段是可以允許問題和意外發生即可。

長谷川 可以把它策略性地融入設計。像都市開發的狀況隨時會改變，也必須對應好幾位客戶，得做好因應變化變更設計的準備。戰略上常常思考這個案子可以有多大的彈性去操作，這或許跟生物努力要生存下去的狀況很類似。

＊1 Buckminster Fuller：二十世紀美國建築師的代表人物，同時也是活躍的發明家和思想家，致力尋找可使人類持續生存的方法。著作《太空船地球號操作手冊》日版由芹澤先生翻譯。

＊2 以大分縣別府溫泉小鎮為中心展開的藝術活動。第一屆於二〇〇九年舉辦。將藝術作品設置於鎮上各處，誘發偶然的相遇機會和驚喜。結合別府的在地魅力與藝術的力量，將整個城鎮變得更好玩有趣。第二屆於二〇一二年舉辦。

GUEST

08

廣井良典

公共政策學者／千葉大學法經學部教授

YOSHINORI HIROI／1961 年生於岡山縣。東京大學學、碩士課程修畢。歷經厚生勞動省職務，1996 年受聘為千葉大學法經學部副教授。2000 年至2001 年麻省理工學院客座研究員。2003 年起擔任現職。從社會保障和環境、醫療相關的政策研究，到時間、照護等議題的哲學思考，涉足範圍寬廣。震災相關方面，擔任宮城縣震災復興會議委員、朝日新聞「日本向前委員會」委員。著作《重新思考社群》榮獲大佛次郎論壇獎。另著有《全球定型化社會》、《創新福利社會》等。

山崎亮

廣井先生不僅梳理日本社區的特色與挑戰，對於今後都市社區的願景也很明確。那麼對他來說，景觀設計和社區設計的價值是什麼？從聊天的過程中得知，廣井先生的關注重點從以社區為中心的「福祉與醫療」，轉移到了「空間與都市計畫」。而我剛好和他相反，我的焦點是從「空間與都市計畫」轉移到了「福祉與醫療」。但是越深入了解，就會發現雖然我們的方向不同，卻都是在同一個軸線上。一問之下才知道他和我在設計公司時的老闆（淺野房世）是好朋友，難怪我們這麼聊得來。

「社區」大致可以分成農村型和都市型。

長谷川　廣井先生的著作《重新叩問社區》裡談到關於「社區的定義」，我讀得津津有味。我曾經在美國工作過一段時間，一九八〇年代當時，社區設計在柏克萊很興盛，也有一些事務所以此維生。不過那時「社區」這個字的含義還是比較偏向地方的在地活動。廣井先生則不認為它的定義這麼狹窄，很多東西都可以稱為社區。看到這樣的論述讓我大開眼界。

廣井　我認為的「社區定義」大致是把社區分成「農村型社區」和「都市型社區」。一般而言，社區是一個相互支持，擁有連結和團體意識的群體。若要分成兩大類的話，就是農村型和都市型。農村型社區是以自己為中心，形成一個擴散出去的同心圓連結，某種用氛圍維繫團體意識的共同體。

長谷川　比方說一起共度的空間和時間嗎？

廣井　沒錯。另一方面，都市型社區則是建立在個人，以語言或理念維繫。農村型和都市型都應該被重視，兩者的平衡很重要。不過因為過去兩千年日本是以稻作為中心形成社會，故比較偏重農村型社區，我稱之為「稻作的基因」。稻作是一種在較有利的自然環境下，小型群體共同作業的活動。這種情況下就會強調水資源管理等整體的同步性。以稻作為中心建構出來的日本社會，可以說特別容易誕生出農村型社區。

戰後的日本，簡而言之就是「從農村大遷移至都市」的時代。移居到都市的日本人，在高度經濟成長期時，打造出公司和家庭這種都市中的農村型社區。這時，人們的焦點也不再放在「地區」上。更不幸的是，國際比較調查結果顯示，日本社會的社交孤立程度，是所有已開發國家裡最高的。這是因為把農村的邏輯帶到都市造成的結果。換句話說，形式上雖然已移轉到都市，但並未形成真正的都市型社區。所以如何活用農村型社區的優點，加以打造出都市型社區就會是今後的課題。

山崎　我自己常用的是「地緣型社群」和「主題式社群」，是否地緣和農村、都市和主題是雷同的概念？

廣井　這是很中肯的指教。兩者的概念滿像的，不過並不相等。因為都市代表的是空間和區域，並不單指主題型社區。

長谷川　都市型和主題型都有自由選擇參加的感覺，可是農村型和地緣型則是發現時已經逃不了、束縛很強的感覺。

重視社區本來對「外部」開放的觀點。

長谷川　人本來就是一種群體動物，為了群體的利益去組成團體。以前若是脫離自己的團體就只能當個獨行俠，現在則有各種不同類別和規模的社群可以參加。不過這種情況下，社群之間的利害關係該怎麼權衡呢？如果自己同屬於好幾個不同社群，會不會因為一個人而撕裂呢？我都會想人類為何要走到這麼複雜的地步。

廣井　長谷川先生的思考很哲學呢。我也喜歡這種想法。

社群總給人一種封閉的印象，不過我很重視它本來對「外部」開放的觀點。研究靈長類的學者河合雅雄先生曾經在文章裡寫到，從猿猴演化到人類的關鍵要素，就是家庭的建立。這裡說的家庭指的是父親會撫養小孩。在猴子的社會裡，母親也會撫養小孩，父親則是負責和外界維繫的存在，並不參與育兒。河合先生也寫到，人類的特徵就在於打造出「重層社會」。重層社會指的是，個人和社會之間還有一個中間團體的構造。這兩個論點可以說是從不同面向來觀察同一個現象。換句話說重層社會裡的中間團體指的就是社群。同時擁有內部的關係和外部的連結，這種二重性可以說是社區的本質。

長谷川　看起來跟單純的「群體」又有很大的不同呢。

廣井　美國的城市理論學家珍・雅各[*1]說過，有定居的人還有出入的流動人群，才算是穩定的社區。

長谷川　難道社區不能說是越來越多層化嗎？像網路也是一個可以同屬不同社群的環境。社區的性質如果本來就是開放的，那只要觸及的機會越多，社區必然會越來越多樣化和多層化。不只是垂直或水平，而是更三次元的複雜分布。

廣井　這個我倒是沒想過，想聽聽看長谷川先生的想法。

長谷川　其實不是什麼多具體的想法。只是我們在設計某個場所的時候，是以一個外人的身分在參與當地的社區。這時如果可以知道各個社區在整體中處於什麼樣的位子，或許我們設計師就能更看清自己的立足點。

日本一直以來缺乏的都市型社區，可以從年輕人身上看到即將誕生的徵兆。

廣井　最近我在大學發現學生對「連結」和「社區」有很大的興趣，無論這是好是壞。尤其越來越多上進心強的學生，希望投入家鄉地方再生的行動行列。

山崎　學建築和都市計畫的學生，近十年來對地方社區的關注度也變高了。我在大學或外面演講時，都會有學生來跟我說：「我就是想做這種工作！」不過年輕人的社群中似乎也分成不同程度。我曾經在代代木公園看到大約是大學生年紀的年輕人在跳繩。一開始我以為只是同伴間的遊戲，結果發現他們在邀約路人一起加入。他們並不是受公園營運方委託，只是因為好玩才這麼做。看到這一幕，我感覺年輕世代是想要跟他人建立輕鬆的關係。

廣井　雖然我這個人對年輕世代是有過度肯定的傾向（笑），不過日本一直以來缺乏的都市型社區，我可以從年輕人身上看到即將誕生的徵兆。

比方說，我最近隱約感受到會幫後面的人開門的人變多了。這種事情有可能會像漣漪一樣擴大。一個小小的招呼和問候，就會讓整個社會的印象改觀。也不是特別親切，而是比較輕鬆淡薄的那種。社會學者理查·佛羅里達（Richard Florida）在著作《尋找你的幸福城市》裡提到了「強連結」和「弱連結」，我覺得這個「弱連結」的部分很重要。

山崎　我大學去國外留學時也有過同樣的經驗。走在我前面一段距離的人開著門等我過去，這件事情讓我很驚訝。

廣井　語言也是，可能有人也有同樣的感覺，就是可以說「謝謝」的狀況變少了。我認為如果我們可以建立起都市型社區的關係，語言也會跟著改變。經過十年、二十年，就會慢慢產生變化吧。日本人的國民性常被說容易演變成封閉式的社區，不過不是這樣的，稍作社會就建立了良好的關係。只是戰後急速往都市發展，人們的意識和行為模式跟不上社會構造的變化。對這個現象有危機意識的就是年輕世代。現在正好處在過渡期，NPO組織增加或許也是一個徵兆。

新誕生的社群發揮了安全網的效果。

山崎　我原先主要的工作是景觀的硬體設計，最近也有在做居民參與型的社區營造，和綜合振興計畫等軟體面的設計。所以我關注的重點是在居民參與型的社區營造過程中，誕生出很多小的主題式社群。比如說設計公園時，召集將來會使用的居民舉辦工作坊，過程中就形成幾個有別於鎮上自治會、不同類型的團體。我很期待這些團體在未來的社區營造中，會扮演什麼樣的角色。當然計畫本身的品質很重要之外，若是可以營造出某種狀況，讓制定計畫的過程中誕生的團體，能夠自主參與社區營造，這個團體本身就可以說是一個重要的成果。

這對原本屬於地緣型社群的人們來說，也是一個能用不同形式參與社區的機會。即使在自治會中孤立也能在其他社群找到歸屬感，這樣就不至於會感到絕望。所以新誕生的社群也可以說發揮了安全網的效果。

廣井　的確高度經濟成長期時，社群可以說是一元化的。一個人不會有從屬多個社群的情形。等於人無處可逃，只能想辦法在一個社群中生存下去。

山崎　遷移到都市後，有必要繼續維持公司和家庭這種農村型社群嗎？我認為既然都來到都市了，應該可以加入不同類型的社群才是。但是並非所有人都是自主加入，我希望有機會的話可以用參與的形式，讓更多人可以加入過程中新誕生的社群。如果有人因此覺得獲得救贖，那我就會覺得我做社區設計的工作有意義。

廣井　景觀設計也是跨領域的啊。山崎先生是一邊做硬體的設計，一邊從事社區營造和區域再造嗎？

山崎　對。別人應該都很難理解我在做什麼樣的工作。

廣井　這幾年多了很多機會認識都市計畫、建築和社區營造相關的人士。我發現不只是硬體，連軟體、社會經濟都會結合社群的思維，這似乎是現在的趨勢。日本戰後的都市規畫基本上是以硬體為中心，用空間培養社區意識的想法比較缺乏。這種軟體和硬體的交會點非常有趣。

擦身而過時打聲招呼的關係，就能打造出一個場所。

長谷川　我希望能盡可能地擴張社群的定義，這樣就能讓設計場所的目的更明確。

我設計的場所有些是必須特地拜訪的，也有通勤途中偶然經過的都心站前廣場。我覺得這些場所裡的社群樣貌，是設計師可以發揮的空間。比方說我設計的「群馬縣立館林美術館／多多良沼公園」，就是以成為廣義社群催化劑的形象設計。如果能變成一個能帶狗散步或是想帶誰去的地方，就等於能夠催生出某些行動。和陌生人擦身而過時打聲招呼的這種關係，也算是一種社群的話，那

群馬縣立館林美術館／多多良沼公園。studio on site 設計事務所負責景觀設計的美術館計畫。將緊鄰美術館的多多良沼公園設計成有一體感的開放場所。

麼就能用「瞬間生成型社群」的目的去設計場所。

廣井　聽起來很有趣呢。如果這種空間越來越多，日本社會就會產生明顯的改變吧。

山崎　弱連結的成立跟空間也有關係。有點像是「喜歡這個空間的我們」這種瞬間形成的社群關係。表面上跟自己沒有關係的人，如果和自己選了同一個場所，就會有種我們是共同體的意識。

長谷川　當我們設計出一個場所之後，這個型態就會一直存在。相反地，山崎先生不創造形體，或者說目的不在於創造形體。雖然是看不見的形式，但卻有著衍生出各種東西的可能性。這樣看來，直接改變土地本身和改變存在於土地上的關係，兩者應該要用不

群馬縣立館林美術館／多多良沼公園。即使沒有付入館費，也能在展示室以外的區域自由散步。這個空間讓不同目的造訪的人們在此相遇。

同手段。只是硬體設計總是有特定用途和看法的刻板印象，可能因為「蚊子館」的問題屢見不鮮。場所的型態應該要打破這樣的限制，像共同的基調音一樣低沉卻悠長地鳴響不是嗎？

廣井　也就是說有通用性比較好嗎？

長谷川　對，雖然這也很兩難。當你設計東西的時候，如果聽進太多既有的使用方法，設計的成品就容易只適用於這個當下。這或許是時間長短的問題。不是以用途，而是去提升這個空間整體氛圍的品質是最好的。

山崎　關於社群，如果長谷川先生的設計是讓多數人之間產生弱連結，那我們的設計應該就是讓少數人產生強連結。像公園使用者之中，有的只來過一次，有的每個禮拜都來，但只在草地上放鬆；有的則是每週在此活動的團體。社群和空間之間的連結也有強弱之分，而用設計來填補強弱之間的斷層很重要。

廣井　我自己比較像是從山崎先生的觀點演變到長谷川先生的觀點。我原本是研究醫療福祉和社會保障，後來轉移到社群。研究時我發現無可避免地得探討到「空間」這個主題。照護不是一對一的事情，如何和社群連結也很重要。後來思考到靈性這個主題時，也開始關心地方中的神社和寺院。我的焦點是從照護慢慢轉移到社群，再轉到空間，所以聽到剛剛兩位的分享覺得很有共鳴。空間和社群、硬體和軟體，兩邊都很重要呢。

就像場所的質感有不同的層次，人際關係也有深有淺。

長谷川　總結今天的討論，也就是說，要營造一個狀況沒有固定的解決方案，可以說「層次」很重要是嗎？

山崎　以往那個層次的幅度很狹窄，沒有太多選擇的餘地。地方社區、公司和家庭之間的束縛很緊密，都市空間和制度也變得讓人動彈不得。雖然有保護人們的作用，但同時也有排他的狀況發生。如果層次的幅度擴大，就能依據現在自己的處境，選擇屬於的社群和度過時光的場所。這正是景觀設計能提供的公共服務不是嗎？

長谷川　就像場所的質感有不同的層次，裡面存在的人際關係也有深有淺。

山崎　像里山沒有硬體的設計，但人們之間的強連結還是可以創造出一片風景。連結的強弱和深淺最後都會顯現在風景之中。

廣井　看看日本的都市，房子都蓋得與周遭環境格格不入，這就是人與人之間的關係問題。從景觀就可以看出社群的樣貌。

山崎　我能被稱為景觀設計師的部分也只有這一點。假如「景觀是各種社群的活動成果」的話，那麼我作為社區設計師在努力的，就是設計那個完成後的景觀吧。

廣井 很明顯，景觀設計和社會有很深的關係，而且跨足很多領域。現在需要的是能綜觀醫療福祉、社區、空間、都市計畫和地區經濟結構來規畫的人才。景觀設計可以說是負責這方面的專業領域呢。

＊1 Jane Jacobs：美國紀實寫作作家、記者。著作《偉大城市的誕生與衰亡：美國都市街道生活的啟發》中，談論到郊區都市開發和都心荒廢的問題。

GUEST

09

鷲田清一

哲學家／前大阪大學校長

KIYOKAZU WASHIDA／1949年生於京都市。京都大學文學部畢業，文學研究科博士課程修畢。2007年至2011年擔任大阪大學校長。同年9月到任大谷大學文學部教授。從哲學家的角度觀察流行時尚等社會現象創造出的自我人格，進而發展出關於臉部、流行的理論。另外還參與臨床哲學計畫，將哲學發想與諸多社會問題連結，探究哲學能夠為社會帶來的貢獻。代表作品有《流行的迷宮》、《傾聽的力量一臨床哲學試論》。

長谷川浩己

很久以前讀鷲田先生的書《傾聽的力量》，看到書裡提到「主動的被動」，對我來說滿衝擊的。景觀設計基本上屬於被動式，因為我一直覺得設計不是表現自我的手段，而是增加我們與空間、地方，以及和我們共享空間的人交流時的敏感度。鷲田先生的身段很柔軟，很用心地聽我們說話。不試圖改變對方，首先聽聽對方的想法，或許最後就會改變某些東西。傾聽就是態度的問題，這將是今後設計的關鍵字之一。

傾聽是一種極致主動的行為。

長谷川　我從很早之前就拜讀過鷲田先生的著作，其中特別對《傾聽的力量》印象深刻。「傾聽」代表的「主動的被動」態度，在景觀設計裡也很重要。即便是一幅單純的風景，也是各種事物無可避免地相互作用結果。我認為這不是一個創造新事物的世界，而是整體關係隨著我們的聆聽和涉入產生變化，並且去接受產生變化後的關係，景觀的世界是以這種感覺在運作。這裡衍生出的積極接受態度，不管是設計師還是那個場所的所有人都符合吧。

鷲田　「kiku」除了有「傾聽（聴く）」的意義之外，也有「品酒（利き酒）」的意思。甚至在中國看醫生也有「身體問診（身体に聞く）」的意思。kiku這個字並不只有被動的含義。有些話不是有耳朵就能聽見，必須要顯示出關心的樣子，有了這個動作才能引導對方說出來。傾聽是一種極致主動的行為。

也可以用料理來舉例。大阪料理是出了名的味道清淡，用清淡的味道來喚起我們的味覺。讓我們去探索、對味道變得更敏感。再來還有飲茶，通常從飲用熱開水開始，依序食用米飯、飲酒、吃完點心後才會上茶。這是為了不讓濃郁的茶引發胃部不適，前面所有步驟都是為了飲茶進行的。清淡的東西可以誘發我們的感官，也就是說，真的好的風景、好的廣場、好的公園，不是設置盪鞦韆和溜滑梯那種遊樂器材，而是人會不自覺地被吸引、想要在這裡做點什麼，引導人們釋放平時壓抑的感覺。

長谷川　原來如此。用喚醒這個字就滿有感的。如果是料理的話，就是對客人；公園的話，就是對使用者，用一些巧思去切換他們意識的方向。

鷲田　這也適用於主人款待客人的待客之道。我以前在報紙寫過一篇〈給設計師的三個請求〉，其中之一就是「不要讓人變成被動的立場」。像遊樂園的遊樂設施都被設定好了，就是一種使人處於被動狀態的設計。

長谷川　過分給予只會讓人變得被動。反過來說終極的主動性，或許就存在於擁有「主動態度或意識」的被動姿態裡。

山崎　社區設計也是一樣，有一些對話的方法可以引導對方敞開心胸。「協調」就是能引導對方表達心情、話語和行為的技術。

放棄多重意義，等於是阻斷公共空間的生命。

鷲田　給設計師的另外一個請求，就是「讓含有多重意義的事物保持原狀」。我自己覺得家裡最有趣的地方是廚房。你可以邊吃飯、邊喝酒邊想事情，男人和小孩都可以在這裡活動。路也一樣，車子通行、人走過、主婦在這裡談論八卦，還是小孩的運動場。但是廚房和道路經過區畫後，功能分離，原本的魅力就消失了。

最後一個請求就是要「有批判性」。設計師應該時常對現代生活存疑，即使是讓客戶滿意的設計中也要加入批判性。這段時間大學的研究也老是把社會貢獻掛在嘴上，一味迎合社會的需求。只想著要達成社會的要求、累積分數。但是大學如果不去思考這個需求是否應該回應，還能稱得上是做學問嗎？設計師雖然因為是收費服務必須取悅客戶。不過我希望設計師在滿足客戶需求的同時，還能有對對方生活方式存疑的批判性。沒有達到這樣的標準稱不上是好的設計。但也不是要你逼迫或命令人喔。

山崎　我覺得很受鼓舞。因為社區設計也想要保有多重意義和批判性。同樣的道路空間，「可以這樣用」、「可以那樣用」帶有批判性的去多方實踐，我希望可以更開心地去做這些事。

長谷川　公共場所原本就應該是多重意義的。城市和社區這種某種程度上向世界開放的地方，都帶有公共的樣貌。我一直從事景觀設計的原因，就是因為感受到開放場所的魅力。沒有特定目標，比起「物體」，「物體的集合體」更有趣。雖然想維持多重意義，不過我心中有自己描繪的世界樣貌，做這份工作就是為了讓大家看看我認為的理想世界。或許這就是我的批判立場。放棄多重意義等於是阻斷公共空間的生命。如果有一個能夠邀請的空間，接受方式也很多樣化的話，其餘的便會自然發展。我很認同剛才提到的三個請求。

鷲田　雖然大眾的評價不好，不過我很喜歡京都車站，尤其是大階梯。一開始以為它就是單純的樓梯，但是地面如果舉辦音樂會，階梯便搖身一變變成聽眾席。到了新年也會像西宮神社的十日戎祭典那樣，開始舉辦「大階梯競走大賽」。越來越多遊戲在此展開，是個

京都車站的大階梯，辦活動時可作為觀眾席，讓許多人聚集在此。（照片提供：幡知也）

是很自由的空間。不過聽說後來有人受傷，使用規範就變嚴格了。安全這個字眼大大限縮了自由玩樂的空間。

山崎 如果有相應的機制就可以吧。比如說使用者代表、商店街工會代表、大學教授和車站百貨公司的代表，一起組成一個協調會，討論怎麼樣用有趣的方式充分運用京都車站。讓這個協調會制定規則，並且視情況彈性調整規則。如果有這樣的機制，百貨公司的營運就不須受限於責任範圍。明明空間就有多種意義，卻得被以往單一的責任標準綑綁，實在太可惜了。

鷲田 我以前在大階梯上看過一個很有趣的畫面。有人邊說著：「不好意思借過一下。」邊從坐在階梯上聽音樂的人面前經過。這條通往美術館的路，當有活動時就會被當作觀眾席使用，等於你要去美術館必須特地從中間穿過去才行。這樣的狀況是很幸福的，如果單純作為美術館的專用通道，那多無聊啊。

山崎 公園好像也是這樣呢。

長谷川 提到公園時首先會先想到它的外觀，但那不代表它的功能。公園可以說是確保某些狀況能夠發生的公共場所。比方說在美國，棒球場叫做「ball park」，這裡算是美國人的公園。大家會在這裡吃熱狗、午睡，城市裡的人都會在這裡聚會。雖然它是有特殊用途的場所，但也允許大家在這裡做其他事，這樣的狀況非常有趣。

兩個孤獨的人，不覺得這是很公園性和都市性的嗎？

鷲田　據說京都是日本公園面積最少的地方，取而代之的是有很多咖啡店。這些咖啡店讓人變得擅長獨處，匿名待在那兒。尤其對嫁到京都的女人來說，這裡是唯一能讓人暫時從日常脫離、喘一口氣的空間吧。

長谷川　以京都的面積來說，酒吧的數量算很多呢。

鷲田　咖啡店和酒吧可以說是「隱藏公園」。彼此之間不認識，就算是一個人也不會不自在，算是一種都市性的空間。

長谷川　這樣說來我們想要設計的狀況，或許就是打造都市性的關係。即使是在山裡也一樣。

鷲田　有一首爵士經典曲叫做〈Alone Together〉，說的是兩個孤獨的人，不覺得這是很公園性和都市性的嗎？

長谷川　山崎先生怎麼解讀這個字呢？

山崎　孤獨的問題我把它當作都市的負面情況在處理。能在咖啡店獨處是很都市性的，不過它的前提是要擺脫區域性的束縛。另一方面，周圍一個人都不認識而產生的孤獨感，如何解決這個都市狀況是我現在在努力的。

長谷川　原來如此。簡單說，景觀設計就是在衡量如何和他人產生連結吧。我個人滿喜歡「Alone Together」這種關係。

鷲田　我覺得一個城市裡有叔叔、阿姨的視線很重要。以前在街上，假裝沒看到但實際上很仔細在觀察的大人視線，就是社區的一層保護膜。現在公寓高樓化後社區變成垂直的，就只有看和不看的差別。「All or nothing.」所以說為了打造小孩能平安成長的社區，我都會建議蓋平房或是兩層樓、住商兩用，或者爸爸工作的地方不要離家超過五百公尺以上。不這樣做是沒辦法形成社區。這麼說來，巴黎的人際關係雖然非常獨立，但卻不會感到孤獨呢。香榭麗舍大道上的房子，一樓是咖啡店，二樓以上是住家，可能是這樣的環境讓人感到舒服吧。

雪鐵龍公園（法國巴黎）的一角。坐在長椅上休息的兩人，靜靜地看著眼前的人們走過。Alone Together 的時間。

長谷川　確實感覺巴黎有許多讓人可以獨處的場所。那裡的觀光客是人口的十倍。明明老是會被外國人包圍，但不管去公園還是去咖啡店都會覺得很放鬆。可能是大家互相意識到彼此的存在吧。

鷲田　雖然沒有盯著對方看，但這種看得到的關係讓人不會害怕。一種感覺到人的視線產生的安心感。

我的人生就是由各種意外般的事件串聯而成。

山崎　經過剛才的討論，我的心得是果然硬體和軟體兩個都很重要。如果可以多從這兩方面去思考都市構造、生活方式、建築空間和開放空間的運用方法和關係，或許我就不需要耗費這麼多心力做社區設計了。

沿著香榭麗舍大道展開的咖啡店。

聖日耳曼德佩區的咖啡店。在店裡自在度過的男性們。

長谷川　如果把其他存在視為人，就是社區設計；如果視為鳥或昆蟲，就是生態設計。當然這之中通常有硬體的介入。我發覺景觀設計的概念，廣泛存在於有形和無形共存的整體之中。或許景觀本來就既是硬體也是軟體，具有雙重意義的存在。

鷲田「landscape」這個字我是覺得不要翻成「景觀」比較好。翻成景觀，重點就會被放在視覺的部分。

長谷川　就像靜態影像？

鷲田　沒錯。但是我們感受到一座城市很美好的瞬間，通常不是雙手抱胸站在建築物的前面，而是在行走的動態過程中感受到的。京都也會為顏色、高度、屋頂的角度這些景觀爭論。超商要上色和蓋屋頂、房子也要有和風的感覺等等。這些都是景觀這個字招致的負面後果。

山崎　我也是從以前就覺得這個字有些不協調。景觀不是設計師在視覺上多加一點什麼，而是由生活在那裡的人們一點一點流露出來的。所以只要人的生活方式不改變，就看不到城市的改變。而我就是透過社區設計來設計都市生活的樣貌，以及人與人之間適當的連結方式。從結果來看等於也是在設計景觀整體。

對我而言，設計的概念最廣義地來說就是「改變模式」。

長谷川 最後想問的是關於「設計」的問題。在設計的世界，比方說時裝設計裡有高級訂製服，也有津村耕佑先生的「FINAL HOME」[*1]那種帶社會性的設計品牌。景觀也是一樣。鷲田先生認為包含這個在內的「設計」指的是什麼呢？

鷲田 這個問題很難回答呢。對我而言，設計的概念最廣義地來說，就是「改變模式」。改變東西的樣貌和每個元素的相對關係。用時裝來舉例，穿上有設計性的服裝，會讓人產生和平時不同的行為舉止，人與人的關係也會透過衣服產生變化。比如說，十九世紀前，有錢人都是穿華麗的衣服來彰顯自己的身分地位。到了十九世紀末「簡潔洗練」的概念誕生，變成簡約的東西備受喜愛。後來時裝出現二重性的概念，香奈兒開始用針織材質來製作西裝。最高竿的就屬時裝設計師山本耀司和時尚品牌COMME des GARÇONS了。衣服的袖子破爛又脫線也可以以高價販售，可以說是某種悖論改變模式的例子。

建築也是一種廣義的設計，只要住進屋子，人的行動模式就會改變。連重度失智症患者，從原本居住的系統化照護機構，搬到地方中木造日式房屋的小型照護機構後，原本只會站著發呆的人，看到有高低差的空間裡的石頭，就會想脫掉鞋子踩上房間，自然地找到坐墊坐下來。這就是設計的力量。

長谷川　所以說設計不只是解決問題而已嗎？

山崎　大方向是解決問題沒錯。翻新渡假村的花園和設計新衣，都是因為以往的設計老舊了、不敷使用了，前提是有這樣的課題才會需要設計來解決。如果沒有這個前提，根本也不會想到設計。

鷲田　你說的對。不協調的感覺和問題意識都能激發設計師的實力。

長谷川　思考「問題」是什麼也別有趣味呢。造園師仔細鋪設石頭的行為，以及把袖子弄得破爛的風格，沒辦法單純從課題的觀點來解釋，或許不協調感也是很重要的關鍵字。這是我今後會繼續探索的問題。

＊1　時裝設計師津村耕佑主導的時尚品牌。以「衣服是守護人類肉體和精神的最後堡壘」的概念來設計服飾。是一個會到世界各國辦展和舉辦慈善活動的時尚品牌。

後記

會有這本書的誕生真的是因為一件很小的事。最初只是一段簡短的對話，演變成雜誌《LANDSCAPE DESIGN》的連載〈狀況的設計法則〉。後來連載內容經過增修，就成為了讀者現在看到的這本書。實在覺得很不可思議，不過能用比較完整的形式讓更多人閱讀，老實說我非常開心。或許這本書裡面討論的議題都沒有百分百正確的解答，卻提供了不少提示，幫助大家思考接下來的時代什麼是重要的，多方嘗試並從錯誤中學習。至少我們都覺得來賓真的給了我們許多寶貴的建議。

現在正是再一次詢問設計這個行為的意義，以及參與風景和社區起源意義的時候了。許多不同領域、不同世代的人們，正在用各自的思考付諸行動。多虧有這個專欄引領我們看到這些風景。我認為「創造者／非創造者」這種簡單的二元對立，對於揭示討論的核心出乎意料地有效。當然我們不是刻意演出這樣的角色分配（是有一點演的成分），我們兩人的發言都是基於相同煩惱、站在不同立場自然而然發展出來的。如此背景下誕生出的這本書，如果能幫助各位，思考今後的城市風景和它無可替代的價值，就是我最大的快樂。

最後我想藉這個機會，向Marumo出版社《LANDSCAPE DESIGN》編輯部致上最深的謝意。

他們一直很理解我們想做的事情，給予我們連載專欄的機會，還同意將內容集結成書。另外還要由衷地感謝，為這本書盡心盡力，學藝出版社的前田裕資先生、井口夏實小姐和中木保代小姐。最後一定要特別謝謝，百忙之中願意撥出珍貴時間給我們的九位來賓，真的非常謝謝各位。與各位共度的時間，對我們來說真的是成果豐碩。

編輯代表　長谷川浩己

地方創生來解答：11場讓日本社區變有趣的設計對談

作　　者　太田浩史、廣瀨俊介、長岡賢明、鈴木毅、馬場正尊、
　　　　　西村佳哲、芹澤高志、廣井良典、鷲田清一
編　　著　長谷川浩己、山崎亮
譯　　者　曾鈺珮

總 編 輯　周易正
主　　編　胡佳君
責任編輯　郭正偉
編輯協力　徐林均
行銷企畫　楊晏淳、吳欣螢
美　　術　林峰毅

定　　價　300元

ISBN　9789860653106
版　　次　2021年07月　初版一刷
印　　刷　釉川印刷

出　　版　行人文化實驗室／行人股份有限公司
發 行 人　廖美立
地　　址　10074臺北市中正區南昌路一段49號2樓
電　　話　+886-2-3765-2655
傳　　真　+886-2-3765-2660
網　　址　http://flaneur.tw

總 經 銷　大和書報圖書股份有限公司
電　　話　+886-2-8990-2588

國家圖書館出版品預行編目(CIP)資料

地方創生來解答：11場讓日本社區變有趣的設計對談／
太田浩史, 廣瀨俊介, 長岡賢明, 鈴木毅,
馬場正尊, 西村佳哲, 芹澤高志, 廣井良典, 鷲田清一作；曾鈺珮譯.
-- 初版. -- 臺北市：行人文化實驗室, 2021.07
176面；14.8×21公分
ISBN 978-986-06531-0-6(平裝)
1.社區總體營造 2.景觀工程設計 3.日本
545.0931 110008150